经济管理出版社

ECONOMY & MANAGEMENT PUBLISHING HOUSE

从「术」到「道」

一本书读懂商业模式

商战录言

SHANGZHAN
LUYAN

李晓静 ◎ 著

华夏智库·营销金说

华夏智库

CHINA THINKTANK

图书在版编目（CIP）数据

商战路演：企业获取资本的秀之道/李浩源著. —北京：经济管理出版社，2017.6
ISBN 978 - 7 - 5096 - 5118 - 6

Ⅰ. ①商… Ⅱ. ①李… Ⅲ. ①企业经营管理 Ⅳ. ①F272.3

中国版本图书馆 CIP 数据核字（2017）第 101833 号

组稿编辑：张莉琼
责任编辑：张 艳 张莉琼
责任印制：黄章平
责任校对：超 凡

出版发行：经济管理出版社
　　　　　（北京市海淀区北蜂窝 8 号中雅大厦 A 座 11 层 100038）
网 　址：www. E - mp. com. cn
电 　话：（010）51915602
印 　刷：玉田县昊达印刷有限公司
经 　销：新华书店
开 　本：720mm×1000mm/16
印 　张：11.25
字 　数：143 千字
版 　次：2017 年 6 月第 1 版 2017 年 6 月第 1 次印刷
书 　号：ISBN 978 - 7 - 5096 - 5118 - 6
定 　价：39.80 元

序　言

路演：资本时代的企业家必修课

当今时代，地球在变小，舌头在延长。再香的"酒"，如果你不懂推广、不懂宣传、不懂路演，那它的"香味"也会大打折扣。换言之，如果你想让你的企业及产品品牌超常规增长，就必须有能力站上路演的舞台，面对 VC、面对股东、面对客户进行路演，以表达项目，成交产品，融得资金。事实上，企业要想获取资本的支持，从创意诞生到 VC 引进、从新品发布到渠道招商等，路演无疑是每时每刻都需要做好的一项重要工作。而在品牌和资本竞争日益激烈的今天，企业路演也已经变成了每位企业家的必修课。

事实上，公司路演对于投资者来说是非常重要的信息来源；同时，对于正在计划路演的公司来说，重要的不仅是说了什么，还包括由谁说以及说得有多好。一个合格的 CEO 不仅仅要扮演自己的个人角色，而是要在自己身上寻找角色特点：当你站在路演的舞台上时，要了解自己，做自己，展示给众人到底谁是老板。这才是投资者来这里想看到的。

路演相当于企业获取资本的一次面试，在这个过程中，企业家不经意间的眼神交换，犹如一场短兵相接；哪怕只是举手投足，都能决定战局输赢。那么，企业家在前言后语环环相扣、无招有招险象环生的路演现场，如何才能接住明枪暗箭，将分寸拿捏得恰到好处？其实，作为资本时代的企业家，路演不是讲话，更不是秀口才。企业家做路演，必须弄懂路演的理由、概念、类型、要素，更需要拥有一套专属的路演设计方案来清理思路。

为此，本书设置以下三个模块来展开：第一模块"不可不知的路演策略"，强调21世纪的企业家不可不知的路演活动，这一模块对路演的理由、概念、类型、要素进行了全方位解读，并辅以案例阐释；第二模块"直指人心的路演设计"，主要讲路演设计的五个步骤，即细分听众、谋势、取势、明道和优术，这五个步骤构成了一个完善的路演设计路线图；第三模块"引爆听众的路演呈现"，给出了路演呈现的六个步骤，即做好准备、文字修辞、语音语调、肢体表达、应对突发和反思改进，并注重把握过程中每一个环节的要点。

本书以实战为主，提供了很多具体的操作方法，并分析解读了大量案例，教你操作路演活动。掌握本书所提供的路演知识，无论是对个人还是企业，都可以更好、更有力量地应对这个变幻莫测的世界！

目　录

第一模块　不可不知的路演策略

　　21世纪，填满资本市场的已不再只是大企业，路演活动正在打破常规市场、瓦解资本潜规则，让巨大的资本市场变成无数个中小企业的沙龙。尽管任何一家企业都有其独特性，但能够以路演之力四两拨千斤则是不可复制的。因此，21世纪的企业家不可不知路演策略。为此，本书第一模块对路演的理由、概念、类型、要素进行了全方位解读，并辅以案例阐释，以帮助企业家掌握这套全新的市场推广工具和有效的产品促销途径。

第二模块　直指人心的路演设计

　　《孙子兵法·始计》中云："多算胜，少算不胜，而况于无算乎！"大意是说，筹划周密就能取胜，筹划疏漏就会失败，但是不做筹划就毫无取胜的可能。可见事前筹划的谋略在战争中是何等重要。做路演也是一样，在真正见到投资人之前，应做到"准备充分、全力以赴"。要想路演成功，先做路演设计。这一模块主要讲路演设计的五个步骤，即细分听众、谋势、取势、明道和优术。一个完善的路演设计，这五个步骤必不可少。

第三模块 引爆听众的路演呈现

设计＋呈现＝路演成功。路演呈现是路演设计的最终展现，科学合理的路演设计加上精彩的呈现，才算一个成功的路演。事实上，一个精彩的路演呈现必须完成以下六个步骤：做好准备、文字修辞、语音语调、肢体表达、应对突发、反思改进。只有按照这六个步骤来操作，并且把握好过程中每一个环节的要点，才能使路演活动真正收到引爆听众的效果。

第一模块

不可不知的路演策略

　　21 世纪，填满资本市场的已不再只是大企业，路演活动正在打破常规市场、瓦解资本潜规则，让巨大的资本市场变成无数个中小企业的沙龙。尽管任何一家企业都有其独特性，但能够以路演之力四两拨千斤则是不可复制的。因此，21 世纪的企业家不可不知路演策略。为此，本书第一模块对路演的理由、概念、类型、要素进行了全方位解读，并辅以案例阐释，以帮助企业家掌握这套全新的市场推广工具和有效的产品促销途径。

第一章　路演的理由

路演最直接的理由是为了获得融资，获得融资的企业有更多机会获得下一轮的融资，提升企业的成长速度。而路演更深层的意义在于投资机构给企业带来的除资金以外的价值。事实上，投资方的价值不仅是提供资金，还可以为企业带来商业模式梳理，以及市场资源、人力资源、资本资源的对接等增值服务，这对企业的经营无疑是具有重大价值的。

有风投无路演，风投流失

要想让你的项目打动风险投资人，一场路演必不可少。从投资人角度来说，投资者怎么看你的项目？怎么看创业者？为什么选择投你？从创业者角度来说，你的创业团队是否有能力干成这件事？你的战略宏图是否能构建好？这些都是需要明确的。其实，双方与其相互猜疑，不如开诚布公地聊一聊！下面，就让我们来看看启赋资本第四象限孵化器是如何做的。

2016 年 7 月 28 日下午，启赋第四象限组织的投资人与创业者面对面路演活动成功举行，此次活动的主题是"如何快速拿到投资"。这次活动是启赋第四象限的路演大升级，各大机构风险投资者到场。现场邀请业内相关风投机构投资者进行项目点评。每个项目 15 分钟，其中 8 分钟自述，7 分钟点评；此次路演活动通过 IPTV 进行网络播出，优秀创业者、创业团队还有机会获得广东卫视《创投＋》的专访报道，更有机会直通《创投＋》。

第四象限孵化器是由国内知名投资机构——深圳启赋资本与广州众创五号空间联合运营的创业服务平台。该平台立足于启赋资本强大的投资能力，依托五号空间完整的创业生态环境，将孵化器与创业学院合二为一，为创业者带来基金投资、场地支持、创业辅导、打磨优化等全面创业成长服务。同时依托互联网及视频会议技术，与合作孵化器开展联合项目孵化、项目路演、项目投资等创业服务。该平台的项目路演一个月一次，包括优秀项目路演、投资人面对面、深度聊项目等，以扶持更多高成长企业。第四象限孵化器定期组织创业项目路演、创业面对面等品牌大会，在轻松愉快的氛围中找投资、找合作，找到两者之间的利益增值空间。

事实上，第四象限孵化器不只是一个创客沙龙、创业下午茶、行业大咖分享、培训学习等常规活动交流的地方，更是一群年轻人聚到一起"玩耍"的空间。为此，第四象限孵化器持续发力打造一个创新创业的明星地带，持续不断地开展创新创业大赛等丰富多彩的活动，并通过各类媒体的新闻宣传和策划推广，报道一批创新创业先进事迹，梳理一批创新创业典型人物，让"大众创业、万众创新"的精神在社会上推陈出新。有人对第四象限孵化器如是评价：在这里，有脑洞大开的思维风暴，创业者的想法可以信马由缰，最大可能地付诸实践；在这里，创业者将与各领域成功人士零距离交流创业经验与心得，找到创业"奔跑"的方向；在这里，只要你有优质的项目，就可实现资金与项目的无缝对接。

每一次路演，都是创业者重塑思维、深刻自省的最佳平台。并不是每一个和风投接触的创业者最后都能获得投资，因此需要创业者做好时间管理、现场互动、活动细节等准备。创业者只有干好路演这件事，才能吸引到投资者，为项目、为企业注入资金动力，从而实现新的发展。即使单从这个意义上说，路演就已经具备了足够的理由！

有项目无资金，项目流产

有项目无资金是企业中普遍存在的问题。很多人都认为自己的项目很好，自己也是该项目执行的最好人选，但就是因为没有资金而致使项目最后流产。所谓"酒香也怕巷子深"，再优秀的项目，接收不到市场的反馈，也是闭门造车，再好的产品，不去推介，就很难在众多项目当中脱颖而出。推介项目可以有很多形式，而在短时间内迅速了解一个项目，路演无疑是最直观、最快捷的方式，不仅节约了投资人的宝贵时间，也给项目和投资人提供了一对一交流的机会。

作为解决项目资金问题的重要一环，路演的作用无疑是不可小觑的。来看下面这个案例。

案例：

2016 年 11 月 11 日，一场名为"资本相亲会——挂牌企业项目路演"的活动在余杭经济技术开发区（钱江经济开发区）举行。此次路演活动由余杭经济技术开发区主办，邀请了杭州马斯汀医疗器材股份有限公司、杭州格临检测股份有限公司、浙江乐恒动力科技股份有限公司、浙江四通化纤股份有限公司、浙江联运环境功臣股份有限公司这 5 家新三板挂牌企业进行项目路演，吸引了工商银行、杭州银行、浙商证券等多家银行以及投资机构。路演活动旨在为资本与项目搭建一个有助于双方结合的平台，帮助更多细分领域中的"单打冠军"找到合适的资本，让开发区内的优质企业借助投资者独到的眼光和雄厚的资金实现跨越发展。对于新三板企业来说，路演就像"相亲会"，企业在这个平台不仅展示了自己，重新梳理了企业发展策略，投资方独到的眼光和雄厚的资金支持更可以帮助其实现跨越发展；对于投资者来说，不仅可以了解开发区，了解这些新三板挂牌企业，更能找到合适的投资项目。路演现场，评委犀利点评，气氛紧张刺激。活动中有多家投资机构与企业进行了对接。

余杭经济技术开发区的这次路演不仅是企业展现风采的舞台，更是企业直接融资的平台，与资本方进行沟通交流后，其建设性的建议对于企业的未来发展方向也是一个很好的指引。

不少创业者有了好项目，却苦于融资渠道不畅通，好项目经常会"流产"，因此必须通过路演来对话资本。打铁还需自身硬，创业者做项目路演一定要想办法把自己的优势都表达出来，成功的路演对项目而言没有"资本寒冬"一说。

有产品无成交，经营惨淡

路演不仅要获得风投的资金来启动项目，而且对企业经营更具现实意义。现实中，很多企业之所以有产品无成交，常常是因为经营不善，没有一个好的模式去对接客户；而企业服务机构在企业经营方面则能够发挥出重要作用。

重庆七之莲经营了7年，专业做家居围裙产业，远销40多个国家，互联网销售行业第一，估值2亿多元，想更好地发展打造民族品牌，但是融资渠道不通，路演也不顺畅。专业化的企业品牌推广策划机构众赏国际团队应邀与七之莲进行了多次沟通，协助七之莲策划了一场"感恩招商路演"。众赏国际专业团队从招商前调研、招商定位、招商邀约、招商方案定制、招商运营、招商演说、招商成交、招商后服务等方面进行了一系列细节梳理，为七之莲制订了一套完整的策划实施方案，取得了显著成效。所以一场完美的招商路演，必须要有一个对应的模式与其相匹配。像亚洲轻奢女装领先品牌 DJ 服饰、中国企联、中国乙连、九尾猫集团、澳媒滋控股集团、微商品牌微美人、华莱健黑茶、香港时代华人、上海昊澳实业、北京天星兄弟影视传媒等企业，众赏国际根据它们行业、规模不同，所采取的品牌推广和路演方式也各异。下面来看中山科技的一个案例。

案例：

2016 年 6 月 2 日，在中山科技企业投融资常态化路演（第三期）的活动现场，参加路演的科技企业代表和专业投资机构的专家讨论得非常热烈，针对项目盈利情况和未来战略展开现场"舌战"，点评和回应都颇为"犀利"。在这次路演活动中，关于设备生产商拓展智能领域的问题引起了争议。比如有投资机构专家说："请你用大概 30 秒说说你们下一步的运营计划和策略。"企业代表则回答道："微信和支付宝生态圈越来越强大，而 APP 的研发成本越来越低，如果 APP 无法保证用户的留存率，企业不如集中力量做好自己的公众号……"

广东金鼎光学技术股份有限公司（以下简称金鼎光学）是期望进入区域股权交易平台的一家企业，也是参与这次路演的唯一一家机械设备制造企业。该公司在路演现场做介绍时称，目前企业专注于新产品的研发，每年稳定新增专利项目 3~5 个，在智能家居产品领域，已经研发出 360 度无限旋转智能网络摄像机，而智能家居领域将是企业重点发展方向，此次融资的主要用途也在于智能家居产品生产研发。对于金鼎光学的融资渠道，现场有投资专家提出建议——"企业的技术力量有优势，发展前景不错。如果企业需要筹集资金并不一定需要走上新三板的道路"。专家建议在前期股权规划并不清晰的情况下，可以尝试定向增发，即以非公开发行向特定投资者募集资金，实际上就是金融市场上常说的"私募"。

参与本次融资路演的广东安乐窝网络科技有限公司与广东灯灯网科技有限公司均是网络垂直电商平台，融资规模均为3000万元。现场有投资专家对网络电商提出了极为犀利的点评。有专家就直言，灯灯网建立自己的支付平台和手机 APP 并无必要，同时也有投资人认为，垂直电商的投资风险太大。而某投资机构的一名董事则认为"现在国内做灯饰电商平台的不少，特别是在中山范围内，依托古镇的传统产业还有几个做得比较大的平台。但大部分电商平台做的是 B2C 或 F2C 模式，平台采取加盟进驻模式让生产商直接面对客户。而灯灯网做的是 B2B，让生产商直接面对全国经销商。因为灯饰买卖离不开线下实体店，B2B 的模式可能更加有发展空间"。

总的来说，企业在路演过程中，投资机构在现场给企业提出的管理方面的问题大致有：公司如何应对人工、营运成本不断上涨的压力，有什么具体措施；上游的供求关系怎样，如何应对；如何控制管理费用；公司治理发生了什么变化；经营管理层的职责是如何划分的；举例说明重大事项的决策过程；企业业绩增幅情况如何。这些问题涵盖了财务、战略、市场、技术等各个方面。由此不难看出路演过程中投资机构对企业经营状况的建设性意见的重要作用。

最后应该指出的是，企业在引进资金后，通过设立专门的金融管理部门，由投资机构的专业人士对企业实施金融管理，能够最大限度地提升金融管理的效率，推动企业整体管理工作的进行以及完善生产经营的运作机制。

第二章　路演的概念

　　路演，是指在公共场所进行演说、演示产品、推介理念，及向他人推广自己的公司、团体、产品、想法的一种方式。路演就是项目和产品的宣传与推销，就是扩大企业的影响力和影响面。因此，理解路演这一概念，应该着眼于路演的本质、功能和目的这三个方面，这三个方面囊括了路演的基本内涵。

路演的本质：做仪式、讲故事、传能量

　　如何才能正确理解路演的本质呢？很多人都在路演，都在试图通过路演优化企业现状。那路演的本质是什么？归根结底，路演的本质就是做仪式、讲故事、传能量。做仪式的目的是吸引听众；讲故事要讲富有企业价值理念的故事，这样的故事能获得听众的信任；传能量最后达到的结果就是帮助听众树立起跟随的信念。下面，我们通过罗永浩的锤子手机发布会来看看他是如何做到这三点的。

案例：

　　2016 年 10 月 18 日，百万人关注的锤子手机发布会堪称罗永浩的相声专

场。同质化竞争如此激烈的一个行业，这家被长期看衰的公司通过这场迟来的发布会做了一次关于创新的示范。很多人不理解为什么销量并不太好的团队会受到这么多人的力挺，其实理由没那么复杂，罗永浩一类的理想主义者其认真做事的态度是值得敬佩的。

在做仪式方面，罗永浩的路演体现了公司的企业文化。据锤子科技披露的财务数据显示，公司资产总额由 2015 年年底的 8.25 亿元缩水至 2016 年 6 月 30 日的 2.96 亿元。即便如此，罗永浩还是在这样一个世博会专用，且容纳两万余人的场地举行此次发布会。罗永浩让自己的"孩子"在最华丽的舞台与世人见面，这是对产品绝对的宠爱与重视。在如此豪华的场地举行这场发布会，是对每一位付出汗水的员工的一种交代，是对所有听众的一种尊重，是展现企业文化的最好时机。这场发布会能够吸引这么多人的关注，足以证明这场仪式罗永浩做得十分到位。而仪式背后承载着的，是"锤粉"（听众）对企业文化的绝对信任，从信任开始，到尊重结束。这是罗永浩的态度，更是他的深度。

在讲故事方面，罗永浩讲的故事富有业的价值理念。罗永浩被称为科技界的郭德纲，他不负众望，实力演绎了一场精彩的单口相声。不同于别人的方式，从创业、研发到饱受非议，他都以幽默风趣的故事讲述出来。世上最容易被流传的就是故事，将一个企业、一个品牌、一个人以故事的形式传颂，这是最性感的事情。什么样的故事体现什么样的价值，这本身就是一种潜移默化，罗永浩用故事体现企业的价值理念，传递着文化精神。

在传递能量方面，罗永浩为听众树立起坚定的信念。他在路演中说，部分国人认为本土制造总是抄袭外来产品，但却不知道很多外国制造也在抄袭中国创意，即便是谷歌这样的国际企业也在所难免。超越都来自创新，而创新有时候正是通过借鉴而得以延伸。作为工匠精神的代表，罗永浩说自己不是为了输赢，而是在谈情怀，这种情怀就是工匠精神。他用理想主义证明着一种非典型的路径是可行的，为这个世界提供了一个可以破除世俗偏见的范例。这种能量的传播是对企业价值信念的坚定，这种能量的传递在无形中会为企业带来重生的力量，这一股冲力注入进来，一定会有扭转乾坤、凤凰涅槃的震撼。

在这场路演的整个过程中，"锤粉"们的欢呼声和掌声几乎覆盖了罗永浩一半的讲话的时间。他是整个锤子的灵魂焦点，而这样严谨、正规、完美的路演才是让人们关注他的制胜法宝。

路演的本质与路演的结果有着最直接、最关键的关系，而吸引、相信、跟随就是路演的最好结果。在做仪式、讲故事、传能量之后，就是不断地重复、循环。人生有波峰有波谷，但总归一直都是前进的，只是分为螺旋式上升和波浪式前进，有高有低，起起落落。所以，路演要做更好的仪式，讲述更好、更性感的故事，传递更强大的能量。作为吸引听众眼球进而获得听众参与的路演活动，只有做仪式、讲故事、传能量，才能赢得路演的重心——听众。

路演的功能：宣传、销售

路演是通过现场演示的方法，引起目标人群的关注，让他们产生兴趣，最终实现销售的目的。基于这个定义，路演有两种功能：一是宣传，让更多的人知道你；二是销售，增加目标人群的试用机会。

先来看路演的宣传功能。这方面有许多例子，如阿里巴巴创始人马云在纽约的路演，可以看作是阿里巴巴集团于 2014 年 9 月 19 日在纽约证券交易所正式挂牌上市的前奏。这是一个有力的实证，证明路演的宣传功能是毋庸置疑的。

案例一：

2014 年 9 月 8 日，阿里巴巴创始人马云在纽约启动了 IPO（首次公开招股）的首场路演活动，并在路演过程中发表演讲。此次路演吸引了众多投资者，在纽约华尔道夫酒店，基金经理和机构投资者代表从电梯口一直排到大堂。JO Hambro 的高级投资组合经理 Vince Rivers 对英国《金融时报》表示，现场的盛况让他想到了 iPhone 的发布会现场。阿里巴巴融资金额约 250.3 亿美元，成为历史上最大规模的 IPO。

美国《纽约时报》报道称，在此次路演的午餐会上，原本的期望值是有 500 个投资者加入，但最终却有 800 多人参加，把房间围得水泄不通。《华尔街日报》报道称，数位参加路演的投资者表示，在他们参加过的 IPO 路演中，阿里巴巴路演参加人数是最多者之一。阿里巴巴的 IPO 预计将获得投资者的旺盛需求。2014 年 9 月 10 日路透社发布消息称，熟悉阿里巴巴上市流程的知情人士表示，阿里巴巴在首轮路演启动仅两天后，就已收到足够覆盖全部交易的订单。

再来看路演的销售功能。路演的销售功能有两个含义：一是在路演现场的销售；二是通过客户参与来促成现场以外的后续销售。一次真正成功的路演，不仅要以提高路演现场的销售业绩为目标，更应该放眼全局，做好场外开发，通过邀请潜在客户参与等方式，促成后续销售。下面这个案例，就是将路演的销售功能演绎得很好的例子。

案例二：

某美容品牌的 A 品牌代理商王总最近收到了好几份厂家代表提报的方

案，但这些方案都是在超市打地堆的做法，王总就想，还有没有更劲爆的方法，可以让现场销售旺起来？时逢某超市的 10 周年店庆，门店已经把媒体广告都做好了，王总认为到时候买东西的人一定踏破门槛。王总已经参加过多次店庆活动，他还是很有信心的，于是让业务员孙燕找到超市采购经理，和他沟通 10 周年店庆时在门口搞三天路演。双方经过反复协商达成共识：场地费、折扣费由厂家承担，临时促销及物料制作由经销商承担。经过一番准备，借助该超市 10 周年店庆的路演活动轰轰烈烈地开始了。

孙燕在第一天销售 6500 元，第二天销售达到历史最高 8000 元，第三天下滑到 4000 元，合计 18500 元。整个活动下来，场地费 2400 元，临时促销费用 600 元，宣传物料成本 300 元，折扣成本 1380 元，费比（费用/销售数量）为 25% 左右，比较合理。但是王总最后看了账本有些晕：场外路演销售不到 30%，70% 的销售还是靠店内地堆产生，但是场外的成本比场内高出近 50%。不过孙燕认为，整个活动算下来费比 25%，销售也创造了新的历史纪录，门店和促销对 A 品牌都信心大增，未来有其他活动也会优先考虑 A 品牌，因此孙燕觉得挺成功的。

王总说："孙燕啊，你是不当家不知柴米油盐贵。你的这些费用公司是可以报销的，我们的费用可是用牺牲利润得来的。A 品牌利润不高，折算成标准零售价，毛利大约 10%，销售 18500 元，毛利约 1850 元，但是临时促销和宣传成本就花了我 900 元，相当于我利润减半了！"接着，王总给孙燕总结了一下，"下次再有类似的店庆，我们可以场内外联动起来，但是场外的花费要尽可能降低，比如原来两名临促现在降为一名，原来摆很大地堆，以后可以改成介绍台或者 X 展架，临促的工作就是介绍＋发宣传单，宣传单上面可以注明：凭此单可以到专柜免费领取小礼物一份！我相信没有哪个顾客不愿意接受免费礼品的，因为顾客都已经到超市门口了，这样咱们的靠柜率就会大大提升，有靠柜还怕做不成销售吗？这样厂家也省钱了！"

孙燕一拍脑袋："哎呀，王总！我太佩服你了！下次就这么干！"

王总代理的 A 品牌，在业务员孙燕的策划下，店庆路演做得颇有成效。而 B 品牌业务员小马的高校路演，不仅闪亮了大学城学生的双眼，而且给王总带来了新客户。

案例三：

某大学城在远离市区的郊外，在读学生超过 3 万人，平时很少有机会出来。小马联系到了大学城某高校的校学生会，刚好 10 月下旬就是校运会，校运会期间举办一年一度的淘宝节，形式是邀请各个商家在校运会的主干道摆台促销。以往淘宝节都是以衣服、饮食为主，今年打算增加一些新产品，展台规格分 2 米、4 米、6 米三种。借助校运会东风，主干道人流爆棚可以想象，虽然场地费不菲，但小马和王总沟通后，当天就确定购买 6 米柜台。既然要做，就要有大牌的气势。王总负责柜台运输、价格折扣费用（因为是直接从经销商卖给大学生，中间减少了给卖场的折扣和费用，就算有折扣，经销商还是有利润），小马（厂家）承担宣传、促销员工资及场地费。

第一天结束，现场销售 8700 元，销售 78 笔，客单价 111 元，客单价较平时翻了一倍；小马和王总都比较满意。第二天、第三天，小马邀请了校内唯一的一个化妆品店老板老孙到现场参观，并延长了销售时间，同时在销售过程中帮老孙派发门店宣传单及发展会员，老孙十分满意。王总中间来视察过两次，见小马都在挥汗如雨，默默赞许。

3 天活动结束，门店与路演总销售超过 36200 元，销售 221 笔，客单价超过 150 元，王总乐坏了。但是拉出费用总计，立刻傻眼：场地费 4000 元、人员费用 2800 元、折扣费 6000 元、杂费 1000 元，合计费用 13800 元，活动费比 38%。虽然双方承担，但是以 B 品牌以往作风，最高费比也不过 20%。

当然，王总还是赚了，因为老孙看到 B 品牌的销售业绩后，立刻跟王总要了一批货，并打算长期跟进 B 品牌。小马心里很清楚，B 品牌的号召力在高校不言而喻，这次活动成功中带着几分侥幸。作为全市人数最多的大学，而且在人流最集中的校运会搞活动，效果好是必须的，但固定费用太多。

高校路演结束后，王总和小马开始算账。

王总："小马，这次活动搞得不错，但是活动成本有点高啊！你怎么看？"

小马："王总，这次你的利润很高啊！36200 元的销售，35% 的毛利，利润就有 12670 元，减去折扣成本杂费，你的利润也有 5670 元。再加上搞定了老孙这个下线客户，从经销商角度来看，我觉得挺成功的，但从厂家方面去看，我的费比太高，下次公司批准的可能性不大了。6800 元的预算，我可以在××超市摆半年地堆了！这次公司只能当作在高校做宣传了。"

王总："小马，我的压力也很大啊！你看现在 B 品牌指标也越来越高，我今年不多开一些客户，明年你们公司再加指标，我都不敢签合同。"

小马："分销客户是必须要开的，开了又不是只卖 B 品牌，你们也可以顺带卖 A 品牌的，B 品牌投入了这么多，希望王总能多照顾下 B 品牌，校园活动不是长久之计，既然开了老孙这个客户，以后我们就可以利用老孙的门店在学校里搞活动，场地费和人员费用这些大头至少可以省下来了。"

王总点点头："是啊，看来要多开一些高校内的优质客户！"王总接着说，"开架品牌做路演，存在很多困难：一是铺货遍地开花，顾客随时随地可以购买到，且活动频繁，顾客容易疲劳，路演效果不大；二是开架品牌缺少会员管理，很难有忠诚顾客，一旦开展活动，多是以低价吸引眼球，顾客冲动消费居多；三是销售额太低，固定费用太高，无法保证经销商利润。所以，今后的路演不能以单纯提高现场销售为目标，除了在产品组合等方面下功夫外，还应该想出积极的办法邀请潜在客户参观，努力促成下线开发啊！"

小马频频点头，为王总的经商之道所折服。

路演的目的：获得资金，实施项目

路演不是凭空产生的一项活动，一方面，企业要花费大量的资金和人力来支撑路演的开展，另一方面，企业在路演时必须有着清晰的目标，这样才能产生意想不到的成果。更具体点说，路演的目的是促进投资人与项目发起人之间的沟通和交流，最终获得投资，以保证项目的顺利实施。

总的来说，路演的目的有以下四个：一是让政府和行业主管部门了解项目的经济实力，增加政府对项目进入城市后将给城市增加的价值，赢得良好的社会威望和形象，公司高层和当地政府实现顺利对接，对于重要的大城市创造企业高层和当地政府的沟通机会，促进投资时获得更多的优惠。二是获得认知、认同，推广。建立起在金融界和行业内相关企业的知名度，为后期成为合作伙伴奠定基础。三是面对目标消费群，要达到四个指标，第一个指标是路演所到之处人头攒动；第二个指标是很多人询问该项目；第三个指标是有一定的客户积累（在过程中或未来某项目客户登记表信息来源一栏中有，在路演中获知）；第四个指标是产生一定的销售（多半会在后期体现）。四是建立中长期全国的销售网络平台。通过路演，寻求各城市当地的代理商，建立中长期的全国销售网络平台，扩张和延伸销售触角，同时为后期把握全国市场建立良好的预警系统。

路演是企业根据自己的实际需要而做的活动，因此，不同企业及企业在不同发展阶段的路演其目的也会不同。比如上市公司的路演，其目的是促进投资者与股票发行人之间的沟通和交流，以保证股票的顺利发行。上市公司的路演有以下三方面的目的：

一是让投资者充分了解发行人，实现双方的沟通与交流。在路演会上，股票发行企业的高级管理层会向投资者宣传企业的经营状况和发展前景，对企业的产品及服务、技术情况、商业运作模式、经营业绩、发展定位、行业竞争状况、管理团队和融资计划及用途等情况进行详细的介绍与说明，加深投资者对企业的认识并充分展现自身的投资价值。另外，发行企业高管还会与投资者进行互动，回答投资者的提问。通过双方的沟通与交流，投资者能够深入了解发行企业并增强其购买并持有股票的信心，同时发行企业也能从投资者关注的问题中了解投资者的投资意向，发现市场需求与价值定位，从而为股票的成功发行奠定基础。

二是树立良好的公司形象，创造投资者对新股的需求。在路演中，发行企业的高级管理层如 CEO 会代表公司进行路演宣讲与答疑，这正是一个向投资者展示公司管理层风貌、公司素质和公司整体形象的机会。如果高层管理者能够在路演中说服投资者，让投资者见识管理层及企业的实力，并让他们相信公司有很好的商业计划及发展潜力，将有助于企业在国际资本市场中树立良好的形象，增加自身的知名度，并激起投资者购买股票并长期持有股票的欲望。例如，2014 年 9 月，阿里巴巴在纽约进行股票发行上市前的路演。正是通过路演，让众多机构投资者见识到了公司优秀的管理层团队和公司良好的发展前景，吸引了投资者及媒体的关注，创造了新股的市场需求。

三是为确定股票发行价格和发行数量获取有用的信息。路演最重要的作用就是让发行人与承销商从投资者的反应中获得有用的信息，即通过路演情况来调整并决定股票的发行价格、发行数量与发行时机。如果路演现场反应热烈，认购数量较多甚至出现超额认购的情况，发行人可以适当调高发行价格，从而筹得更多的发展资金。反之，若投资者反应冷淡，认购量较少，发行人应适当降低价格或者推迟发行以确保股票最终得以顺利发行。例如，百度公司 IPO 的成功，路演是其中一个至关重要的因素。正是通过一场场的路演，百度较为准确地估计投资者对新股的需求水平，最初设定的发行价也在路演过程中不断调整，最终实现了 17 美元一股的发行价到 27 美元一股的发行价的价值增量，为该公司筹到了更多发展所需的资金。另外，中国联通、搜狐等企业也是通过路演来不断调整自己的股价，从而使得股票发行能够顺利进行。

第三章 路演的类型

随着商业的发展，企业路演这种形式越来越丰富多彩，如媒体发布会、产品发布会、产品展示、产品试用、优惠热卖、以旧换新、现场咨询、填表抽奖、礼品派送、有奖问答、卡拉 OK 比赛、文艺表演、游戏比赛等。这些路演形式可以归纳为三大类，即卖产品的营销路演、卖项目的融资路演和卖企业的招商路演。

营销路演——卖产品

营销路演主要是卖产品。以路演的形式来进行产品的宣传与推广，常常带来不错的效果。比如昆明高铁开展的"全域旅游"大营销，就带来了很好的效果。

案例：

2016 年 12 月 7 日下午，在广西南宁会展航洋城前的广场上，石林风景名胜区的彝族舞蹈演员昂红英和同伴们在进行最后的走位，云南杨丽萍文化传播股份有限公司销售经理李松在忙着搭展架，昆明市旅游发展委员会（以下简称旅发委）市场处处长徐娟、大观楼公园经营科长郑磊、轿子山景区销售经理沙坤、云南世博旅游景区投资管理有限公司市场营销部主管合峻岚、九乡风景区工作人员李娅娇等忙着将各类宣传资料装袋……昆明高铁旅游推介团的成员们，正在为"春城花都·好享昆明"高铁旅游南宁推介活动的路演环节做准备。"路演的场地太棒啦！"刚一到达会展航洋城，推介团成员不约而同地发出这样的声音。

从下午 6 点半开始，路演在昂红英和同伴们《欢迎您到石林来》的彝族歌舞中开始，舞台前聚集的人越来越多。《欢迎您到石林来》《婚誓》《三弦欢歌》等彝族歌舞、热烈的大三弦舞、神奇的树叶吹奏、迷人的撒尼民歌……少数民族风情满满的演出，让觉得新鲜好玩的南宁人驻足；"南宁到昆明的高铁将在何时开通？""南宁到昆明高铁将经过哪几座城市？""请说出两个昆明的代表性景点？"……答对就能获得石林传统撒尼刺绣工艺品和《云南的响声》演出门票的互动问答，让南宁人争相上台回答问题，台上台下互动一片。这样的旅游营销，可以说最有亲和力、最接地气。

不仅是在南宁，这次高铁旅游推介在上海、杭州、南昌、长沙、贵阳的旅游营销，都采用"推介会 + 路演"的形式。2016 年 11 月 12～13 日，昆明高铁旅游营销连续两天在上海东方明珠广播电视塔广场路演，每天都吸引数万上海市民和海内外游客前来观看表演、进行旅游咨询。2016 年 11 月 14～20 日，在上海东方明珠广播电视塔内举办昆明旅游摄影展，有近 20 万人次观看。推介会邀请当地旅行社参加，让昆明的代表性景区景点与当地旅行社能直接对接、沟通；路演则都选在当地人流密集的地点举行，争取最大限度地与市民接触，扩大营销活动的影响力。这样手拉手、心连心的旅游营销，效果很好。

除了营销手段的改变，更重要的是，对比以往的单点旅游营销，这次昆明高铁旅游推介团是在整合昆明的"吃住行游购娱"六要素的基础上，把昆明当作一个大景区来进行"全域旅游"大营销。

昆明市旅发委推出"高铁游"大礼包——"'春城花都·好享昆明'吃喝玩乐指南"（以下简称"指南"）。"指南"联合昆明各大景点、酒店以及美食、租车等企业，推出高铁旅游优惠政策，游客拿着一张高铁票就能享受到"指南"中景区、企业的相应优惠政策、价格。

"指南"涵盖了石林、云南民族村、官渡古镇、轿子山、大观公园、金殿、黑龙潭公园等昆明代表性景区景点，昆明万达文华酒店、世纪金源大酒店、石林银瑞林国际大酒店、轿子山庄等星级酒店和迷家客栈、途涂客栈等酒店、客栈，以及旅行社和汽车租赁公司等，方便高铁游客在昆明实现高铁版的"落地自驾"。

新瓶须有新酒来装，有了新的营销模式，更需要有新的产品组合，这样才能真正让旅游推介发挥最大的效益。昆明旅游在不断设计、组合新的旅游产品，努力为新瓶装进新酒。

正如产品需要牌名，人需要姓名一样，营销路演作为一种产品推广活动，应该具有一个鲜明的主题。主题也是路演的宣传口号，对活动的开展和宣传具有重要意义；主题应简洁、健康、紧靠推广内容、符合企业形象，具有意境，对消费者具有视觉冲击力和联想触动力；主题应能体现出企业为消费者带来的切实利益，增加产品的吸引力和传播效果。如联想的"领先科技推进简约商务"、中国电信的"将梦想接入现实"，这些都体现出了路演的主题特征。

营销路演的形式也应多样化，以增加对现场观众的吸引力。为了让路演成功，达到促销、宣传的目的，路演应在促销对象密集的地点（如 IT 产品在电脑城）使用彩旗、气球、音响及时尚的促销小姐，将活动现场布置得热闹非凡、充满活力，同时应以主动散发宣传资料、派送小礼品等方式来加强路演效果。路演过程中贯穿的一系列趣味抽奖、有奖问答、产品（业务）现场演示及歌舞表演等路演内容应尽可能使消费者自始至终被牢牢吸引在路演现场周围，活动中反复出现的企业产品信息就会进入观众心智并逐渐巩固，消费者对产品的关注就会提高，进而积极咨询产品的相关问题，甚至表现出极大的购买欲望。因而路演形式是路演成功的关键因素之一。

鲁迅先生曾经一针见血地指出"捣鬼有术，也有效，然而有限，所以以此成大事者，古来无有"。化用此句用于产品营销路演则是"忽悠有术也有限，古今中外凭此成大事者，未之有也"。因此，做产品营销路演还是需要"真功夫"，其中最重要的是要把握上述确定主题和形式多样这两个方面。

融资路演——卖项目

融资路演主要是卖项目。融资路演是一件非常重要的事情，一旦获得投资人的青睐，就能帮助你的公司腾飞；相反，如果搞砸路演，你的创业想法可能就永远无法实现。然而，创业者与投资者之间，一场路演下来，往往是"雾里看花"，大部分创业者是"创意的巨人，路演的矮子"，虽然流传"天使看人品，A轮看产品，B轮看数据，C轮看收入，上市看利润"的段子，听着很有感觉，但面对的实际问题是如何做一场让投资者无法拒绝的路演，而光靠这样的段子不光解决不了问题，弄不好还会带来片面理解的误区。

融资路演由于主要是卖项目，因此可以称之为"项目路演"。项目路演的好处在于可以同时让多个风险投资家很认真地倾听你的讲解和说明，同时还可以有一个思考和交流的过程。通常情况下，投资人每天看到的风险投资计划书和接触的项目很多，甚至有的投资人一天阅读上百份项目计划书，所以筛选项目往往只能凭借一些市场份额、盈利水平等硬性指标，很难了解项目的精彩之处，以至于很多优质的企业及其项目都是因此而与投资擦肩而过。路演就是可以让投资家在安静的环境里，在创业者声情并茂的展示下，让投资人真正读懂项目及你的企业，从而做出更为准确的判断。特别对于一些技术性强的项目，更能减少出现投资家看不懂和不理解项目的弊端。企业可以通过自己的精辟讲解和投资家之间的交流，快速对接自己的项目，在融资之路上少走弯路。

项目路演分为线上项目路演和线下项目路演。线上项目路演主要是通过QQ群、微信群，或者在线视频等互联网方式对项目进行讲解；线下项目路演主要通过活动专场对投资人进行面对面的演讲以及交流。下面来看一个案例。

案例：

2017 年 12 月 29 日下午，由浦东新区私募投资企业协会、浦东新区金融促进会、浦东新区新三板专业委员会、沈阳麟龙科技股份有限公司共同发起的新三板融资路演系列活动第二期在自贸区管委会金桥管理局 COCO SPACE 成功举办。参加本场路演的企业分别来自信息技术、生物医药、集成电路等不同领域，各自在业内拥有创新的发展模式和良好的成长潜力，活动吸引了50 余家投资机构参会。活动同时开放了微信投票通道，机构投资者可以现场或线下对感兴趣的话题对企业进行提问。本次路演在麟龙股份旗下网络直播平台石头网上全程进行了同步直播。

为加强浦东新区优质新三板企业与投资机构的联系，帮助会员单位搭建展示交流平台、拓宽融资渠道、促进投融资对接与合作，浦东新区私募投资企业协会联合多方资源，共同推出新三板企业融资路演系列活动。每期活动集合 2~3 家会员单位，根据企业特征及需求匹配合适的投资机构及投资人，形成投融资对接与品牌增值服务的良性循环，为投资机构和具有发展潜质的会员单位打造常态化、高效的投融对接平台。

对于通过项目来达成融资的路演，有专业人士梳理出了一套数字逻辑：五大重点，三大核心，两大切忌，一大口号。下面不妨来看看。

五大重点指的是项目融资路演报告 PPT 必须有五大重点内容，具体如下：第一，你是谁。概要性介绍公司或者项目目前状况，核心团队成员简介，包括你确定可以借助的外部智囊成员。重点强调团队梯队互补性，梯队是良性组织结构的基础，同时是成员优势互补的证明，要消除听众对一流创意是否能得到一流执行的信心顾虑；借助工具化表现方式，如组织结构图、思维导图、鱼骨图等。第二，你想干什么。清晰化你的项目定位，同质化竞争分析，关键聚焦你能解决的用户痛点，但是要特别注意，痛点多了就等于没有痛点了！最常见的简单有效的方法是借助 SWOT 分析工具，同时要注意，优势部分最多不要超过三项，因为优势多了也就没有优势了，你的壁垒设计也无法完成。第三，你干成了什么。现有的运营数据，已有的项目成果，所有证明你项目价值市场潜力的素材，最佳的证明是案例鉴证，社会报道，名人推荐。第四，你拥有什么。结合团队优势的软实力，拥有哪些硬实力、专利认证、资质证明，关键点在于你说的这一切都是完全属于你的，你是可控的、独有的。第五，你需要什么。需要多少钱？为什么是这么多钱？为什么需要这么多钱？同样需要数据测试分析，如何分配越明细越好，证明你有强烈的 ROI 概念和清晰的运营策略。需要特别注意的是，五大重点没有格式化顺序，关键在于整个思路要浑然一体，环环相扣。

三大核心包括以下内容：第一，彰显团队软实力。一切成败的核心因素是人，一个什么样的人带出一群怎么样的人，必须在路演过程中充分证明要将优秀创意落地的人是不是靠谱的问题，这是一切后续的起点。第二，用数据证实逻辑。你的商业梦想，凭什么让人充满希望，是自以为是的头脑发热还是客观立体的分析预测，答案要一目了然。第三，以价值驱动利益。聚集核心竞争力，解决最大最要命的市场痛点，完备的系统化实施策略，从团队、产品、运营多维度证实项目的市场价值闭环，确保投资利益持续发展利益最大化。

两大切忌是什么？如何规避？第一，切忌拿路演当练习。正式路演者必须是 CEO，正式路演前必须经过头脑风暴的演练推演。第二，切忌只会念PPT。照本宣科的阅读，再好的创意也会成为被口水淹没的垃圾。

一大口号是什么？是广告语。路演中所有的素材和内容可以全部凝练为一句企业口号，这句口号是广告语，也是最能体现你项目价值定位的诠释。

优秀的项目演绎的能力，是优秀创业者必备的能力基础。多总结，多练习，多进行头脑风暴，越是尖锐的挑战，越是最有价值的历练！

招商路演——卖企业

招商路演主要是卖企业，卖企业就是树立企业形象，提高企业知名度。招商是通过厂家或者招商机构发布产品经营信息，寻找到目标地区合适的代理人，因此路演招商就是在路演的基础上，不仅要宣传，要现场销售（主要是面对消费者的），同时，还增加了一个新的目的，就是要引起目标商家的注意（目标经销商），通过对自己产品的展示和销售方法的展示，促使他们感兴趣，并最终认可。因为此时的路演不仅是宣传和销售，更是要达到招到经销商的目的。路演招商解决了两个问题，通过路演，让企业达到了招商的目的，快速启动市场；通过这种路演招商的方式，让目标经销商明白市场如何操作，有解决问题的方法。

在招商路演过程中，路演不是目的，招商才是目的。下面我们通过一个路演招商的案例，来看看招商路演的作用。

案例：

有一家主营薄荷味水和矿物质水的天之泉饮料公司（化名）成立后经过一年的市场运作，通过自营市场，积累了一些忠诚的二批商，但要想扩大市场规模，就需要有大批的一级经销商来支撑。由于企业实力有限，要想生存，就必须突破传统，找到适合自己的发展之路。但如何引起市场关注，找到合适的经销商，为下一年的夏季战役打一场漂亮的翻身仗，是摆在公司营销经理和老总面前的一道未知难题。通过对市场的了解，他们认为，确定以薄荷水为主打产品，通过合适的招商方式，迅速建立销售网络，才能够突破当前的困境。于是，他们决定，由公司销售人员在指定区域内的渠道通路上进行现场销售，来影响经销商和相关业务人员，然后通过影响他们，进而能够让经销商接受本公司的产品，最终达到在指定区域内招商的目的。策略确定以后，就看天之泉如何演绎此次招商了。

第一，通过宣传造足声势。天之泉采用了三种方法进行宣传：一是散发宣传单页。宣传单页要传达两个信息，面对消费者的宣传，要传达天之泉水的特点，是"带有薄荷味的清凉水"；面对经销商的宣传，要传达的是公司要寻找独家代理商，价格及厂家的支持。经过这样的一轮宣传，已经让大街小巷都有了一种"天之泉薄荷水"的味道，通过传单的发放，向市场传达出了天之泉要上市的信息。二是铺货。铺货是路演中的关键，只有货品到位，才能引起真正商家的关注，才能够达到招商的目的。除销售人员专业的销售技巧之外，天之泉的销售政策十分明确，30件货送一辆价值190元的自行车，并且公司免费配送，价位是1箱24瓶，16元，如此低价，已经比市场上的竞品低了1元左右。由于前期的宣传，大家都已经有所耳闻，所以大大小小的经销者都愿意进货。三是陈列。要帮助销售点进行陈列，把产品信息更多地传递给消费者。在铺货时和铺货后，天之泉的销售人员十分重视产品的陈列，比如在进货多的二批的门口建立大的堆头，在小经销点上进行单瓶的陈列等，总之，不放过一个能够陈列产品的机会。

产品从发放传单、铺货到陈列，这是一个完整的系统。如果把整个路演招商比作一场戏，那这个过程就是产品上场进行表演。在这个过程中，通过造大声势，天之泉的产品已经随处可见，同时也引起了商户和经销商的关注，但这并不是天之泉的目的，天之泉的目的是找到合适的经销商，这一步主要是引起经销商的高关注度。

第二，找目标。宣传是为了引起别人的关注，天之泉的目的不仅是要引起别人的关注，还要演变成别人的认可，特别是经销商的认可，这是一个过程，是天之泉这次路演的最终目标。通过多渠道考察，天之泉锁定了两家公司，一家是A公司，其老板李经理是近两年才做起来的经销商，主要代理的有酒类、饼干等，他有自己的配货车，3名业务员；另一家是B公司，是当地一家老牌经销商，经销产品众多，有5辆送货车，包括厂家业务在内有10多人，有健全的网络。经过综合分析，天之泉认为A公司虽然是新的经销商，但老板年轻，有开拓市场的信心，最主要的是他没有经营同类产品，就目前来说，天之泉就是A公司的主力产品之一，正好填补他的经销空白。B公司虽然有实力，但B公司经销的产品太多，天之泉只是一个不知名的三线品牌，不一定能引起他们的重视，虽然他们想代理，但不一定会重点经营。

天之泉通过路演招商模式,在每一个市场的招商过程中,不但没有过多的费用支出,而且还有盈利。在短短的 1 个月内,周边 10 多个市场已经成功招商。在招商成功后,天之泉又通过更细致的市场辅导,如帮助客户建立客户档案,对客户方的销售人员提供一对一的协助销售,让客户真正能够看得见,做得到,解决了很多招商企业后劲不足的弊病。

事实说明,企业的路演招商是一种非常务实的方法,对于没有实力运作大型招商的企业,是完全可以采用的有效方法。这种招商模式不会产生很高的费用,相反,在路演的过程中,由于是自己操作市场,还可以赚到钱。因此,对于有人才、没资金实力的中小企业,采用路演招商方式是个不错的选择。

第四章　路演的要素

任何事要想做好，都必须把握好与这件事相关的一些要素。做路演也是同样的道理。众所周知，路演的目的是为了引起目标人群的关注，让他们产生兴趣并最终达成销售，与此同时，企业品牌也得到了宣传。常用的路演形式包括新闻发布会、研讨会、座谈会、论坛和促销推介会等多种形式。那么，策划一次成功的路演活动，需要组织者把握好哪些因素呢？第一，选择好路演的时间和地点；第二，营造路演活动的现场气氛；第三，把产品巧妙融合到活动中；第四，周到考虑现场的活动细节。

选择好路演的时间和地点

时间和地点的选择对路演活动的结果有直接影响。那么，在什么时间、什么地点进行路演活动，这主要是根据企业的目标受众及其活动习惯来决定，也不一定就是在周末、节假日才能进行。下面我们来具体谈一谈。

上市公司的路演时间没有明文规定，一般是在公布招股说明书后进行，或者在公司获准上市且招股说明书获批准后进行。相对来说，非上市公司的路演时间比较自由。

在日程安排上，尽量选择投资人精力最旺盛的时间安排日程，通常情况下可以选择周三或者周四，并且一定要注意避免与其他重要活动产生冲突。

路演活动中需要面向受众讲解某件事情、宣扬某种理念等，其所耗费的时间一般在 5 ~ 10 分钟，特殊情况可以延长或缩短这个时间。下面是一个把握节假日这个时间点做路演的成功案例。

案例：

某超市在珠三角的一个三级市场毗邻工业区，主要客户群体是周围的打工阶层。一般情况每年的 11 月是商场和超市的销售淡季，为了淡季不淡，超市的周年庆典也就选在这个时候。门店对采购部门的要求是，活动的当月每周六周日在场外必须有大型的活动，当然费用不能让门店出，要求采购部去争取。由于不是旺季，这个时候很多厂商并不愿意将资源拿出来。采购经理非常着急。2016 年 11 月，恰好 "××河酒" 进入该地区市场，在得到该大型超市周年庆消息后，第一时间和该超市采购人员取得联系，愿意在该超市连续两个周六搞场外活动，15 天的 "买一送一" 销售活动，另外再搞 15 天的特价活动。双方经过交流一拍即合，厂家让利，超市出免费的堆头位置、宣传场所，DM 宣传单的费用也都免去了，并在卖场广播中广为宣传。由于超市的大力配合，整个活动策划执行得很好，"××河酒" 在该连锁超市系统当月的月销售达到 1500 件。

从这个案例可以看出，选择节假日这个时间点，卖场通常会做大力气的包装和推广，策划自己的行销方案和活动，并针对节假日的促销主题做整体的气氛布置，吸引更多的顾客。这确实是个值得厂方借力的好时机，但这个时候也是商超收费的大好时机，同时也是竞争对手抢资源的时候，陈列、堆头都成了抢手货，价格高不说，同类产品抢客也是预料中的事情。如果能够抓住旺季之前的时机，将路演活动推到卖场，既能赢得销量也能赢得卖场采购人员的好感，为旺季销售打好基础，何乐而不为呢？

其实，目标人群出现的时机，就是路演开展的最优时间，比如，招商会一般在上班日持续到周末，因为需要考虑到企业经办人员及个体户作业时间；而如针对儿童类产品，节假日或儿童节等大部分人短时间休息期间；但如果是长假日，或者寒暑假，则需要重新考量，因为目标群体有可能因为出游、培训课，或者气温原因，不能达到理想人流量。对于这类情况将路演放至傍晚、社区、小型推广也许会更有效，投入产出更优化。

路演是在公共场所进行的活动，因此路演场所的选择也是一项重要工作。先来看一个因选择路演地点不当而失败的案例。

案例：

有家化妆品品牌为配合一家位于高档住宅附近的商超的开业，用惯用的青春美少女的热舞，和主持人近乎疯狂的语言鼓动，不仅没有收到效果，还招来不少"噪音"投诉。原订一个下午的活动，不到一小时就草草收场。

从这个案例可以看出，厂商的地区经理也好、经销商也好，对商场和超市提出的路演需求或自己的营销计划，都必须考虑到路演活动的最终对象是消费者。路演不只是完成上级或卖场交给的任务，而是真正能给消费者带来实惠，活动是受众所喜闻乐见的。否则，把对付打工一族的招数用到居家白领身上，不仅收不到效果，还可能对品牌带来伤害。

路演场地某种程度来说是区域销售渠道的延伸，同时，销售渠道又是场地的承接。通过一个点以及短时间的活动开展，拉开局部区域内渠道的业绩提升才是之前提到过的路演的目的。因此，筛选场地时需要考虑以下几个因素：一是位置。根据产品、目标、群体、渠道覆盖的不同，所选场地也不一样，类似针对儿童为主的产品，更适合于社区、商超、广场、公园等。如果考虑到渠道延展及降低费用等因素，则和大型社区、商圈、广场等位置中的商场进行厂商活动联合，更加有利于资源整合和活动开展。二是人气。提报备选场地后，主导人将安排人员进行场地核实及筛选，其中一项就是人气，即对人流情况进行摸排，分早、中、晚三个时间段进行定时计算人流量，目标人群分布情况，以确定备选场地人气以及目标人群的集中度。三是布局。经过位置、人气、考量，筛选出优选场地后，则要联合第三方执行公司进行实地测量，同时制定现场布置方案图，根据场地位置、大小，结合目标人气流向、分布情况，进行主舞台的布置以及产品展示，最大化吸引目标人群的关注度。解决了"地利"，别忘了我们的"天时"。如果说任何推广都是围绕品牌、产品来开展的，那任何品牌、产品则围绕目标人群来进行宣导的。

总的来说，为了使路演活动更为有效，在具体路演的时间和地点选择上，应该关注以下可以用以借势的机会点：一是当地城市重大的与投资或行业相关的活动；二是当地城市的重大会展活动；三是当地城市的各种论坛；四是当地城市在文化、体育、建筑等方面的比赛；五是当地城市有影响力的其他活动。当然，只要你留心观察，身边的机会点还会有很多。

营造路演活动的现场气氛

路演一定要吸引足够多的人气，才能营造出热烈的现场气氛。活动现场的规划和布置要有满意的视觉招引力，用扮演道具提高现场气氛；主持人要有主持路演活动的经验，善于调动和把握现场的气氛；扮演的节目、游戏和活动要有创意，注重和现场观众的互动，单一的劲歌热舞现已不能满足大多数消费者的期待。

搞路演参加的人越多，效果就越好。怎样才能吸引人？首先，活动的现场必须有吸引力，要用气球、彩带、音响来营造气氛。一般活动开始前，都要先来一段精彩的节目。如果活动是针对老年人的，就可以先来一段京剧；如果活动是针对年轻人的，可以先来一段活力四射的街舞。把人聚到一起之后，主持人就趁机介绍企业、产品以及开展这次活动的目的，这就是开场前的锣鼓。在演出的过程当中，工作人员可以到人群中散发一些宣传单，请人穿上一些产品气模，在周边走动，把人吸引过来。其次，活动的内容要新颖，不要太单调，不要老是唱歌、跳舞，或者是一些老掉牙的游戏节目。新颖的活动内容需要创意，这是对策划者的一个全面考验。

总之，做路演事先一定要策划好，形式上一定要新颖一点，节目丰富一点，气氛热烈一点，主持幽默一点。这些喜闻乐见、丰富多彩的活动人们才会喜欢看。在活动中，人们兴致勃勃忘记了疲劳，不知不觉记住了品牌，也学到了产品的知识。有些节目策划得很好，像这样的节目要不断地更新，不能总是重复演这几个节目。企业要聘请专业人员，要利用自己的队伍，先给团队成员一些资料，让他们去编，专业人员来审核。演出的人员由专业人员去组织班底，专业的人员活动策划经验更丰富，因而路演活动成功的可能性也更大。

把产品巧妙融合到活动中

平衡好扮演和商品宣扬的份额，了解商品特性，把握商品的品牌定位，把握好宣扬的时机，以及与消费者进行有效沟通。为了拉动现场销售，还要把握好商品赠送、商品优惠等重要的促销环节。

把产品巧妙融合到活动中，关键是要把活动的内容和串词策划好，对产品的知识介绍一定要简单、通俗、易懂、好记，同时产品正好符合人们的需求。比如，有些孩子喝了牛奶会上火，眼睛上总有很多眼屎，这就是因为孩子的肠胃消化不好，而恰恰你的产品对肠胃有保健调理功能，吃了或喝了不上火；对一些年轻的女士，你可以给她介绍产品的美容、消皱、祛斑功能，你可以给她介绍一个小知识，如使用产品的时候，用点清水调一点产品抹在脸上，一两分钟以后，人的皮肤就会更加光亮，经常使用，内调外用，人就会变得更加年轻、美丽，这就是为什么有些产品受到当今女性青睐的原因；对于一些喜欢抽烟、喝酒的男人，你可以告诉他，该产品对于治疗咽喉炎有很好的疗效，喝酒前喝点该产品人不易醉；对一些在校学生，你可以告诉他们，该产品可以让他睡眠好、记忆好、增强活力等。这样通俗易懂的介绍，让顾客一听就懂，一听就明白。

有些节目通过一些互动，参与互动的人答对了题就给他一瓶产品或其他的奖品，在节目单上，要打上具体的产品名称及主办单位，时间上要选择周末，地点选择人流量比较大的地方，最后，还要把整个过程拍下来，要拍照摄像，作为以后的参考资料。

周到考虑现场的活动细节

无论策划什么活动，细节的考虑非常重要，策划路演同样需要考虑细节。路演成功的关键在于细节。例如，和公司、经销商、活动主管部门及活动合作伙伴（如表演公司、物流公司）在路演目的、方式方法等细节上和谐沟通，尽力把策划方案完善化、详尽化，并把职责分工到人。

具体来说，策划路演时需要考虑的现场细节包括以下几个方面：

一是展台细节。有研究显示，在终端对消费者的影响方面：视觉占87%，听觉占7%，嗅觉占3.5%，触觉占2.5%，所以展台色彩和位置一定要"抢眼"。展台除了体现公司的形象和活动主题外，优惠内容一定要体现在上面，才能充分吸引顾客，如果能提供 AV 屏幕，哪怕是小的屏幕播放企业宣传、产品宣传，就会有更多的消费者会被吸引。如果路演有音乐，可以触摸，可以试吃，有促销员的介绍，总之如果能调动消费者的所有感觉，销量一定会更好。尤其要注意路演活动中消费者的参与，路演想要精彩，最好是让消费者成为路演的一部分。

二是促销员细节。促销员一定要训练有素，促销员不是站在展台的活动"道具"，一定要让他们真正地"演"起来。有一位做健身器材的促销员，在 KA 卖场家乐福做促销，除了向顾客介绍或清洁设备，更多的时候是在健身器材上面跑步，或做其他的器械运动。通过这种方式，不用他刻意介绍，就能刺激到顾客的消费欲望。

一般的厂商花了大量的精力和资源获得了路演机会，但厂商对促销员的选择不是很重视，往往临时招聘一两个促销员，穿上厂商的服装就上场了。顶尖的促销员或许可遇不可求，但培训可以让他们至少在消费者面前显得更加专业。除了招聘到的促销员自身的水平外，培训时间长短很重要，对于消费者关注的问题，说给消费者听，做给消费者看，直到消费者满意才放手。

另外，在活动开始之前，其他工作人员至少应该提前40分钟到场。检查一下舞台高度是否合理；舞台上悬挂的装饰品是否牢固；舞台是否牢固；音响是否准备就绪；赠品是否准备妥当；宣传品是否准备妥当；演员、主持人是否准备就绪。

三是 DM 宣传单细节。宣传单是消费者了解产品的平台，是厂家传递产品信息的工具，所以宣传单的制作就特别重要。既然路演的投入已经不小，那就要充分利用此次机会对自己的产品进行宣传。

四是赠品细节。如果你是消费者，是否会被上面那琳琅满目的赠品所打动呢？答案是肯定的。一般的消费者（除非专业知识很强的消费者）是极易受赠品左右的。因为他们对产品了解的不是很多，只能从各品牌促销员以及宣传单中了解相关信息，而这些信息所反映的产品往往又是那么的相近和难以取舍，此时，赠品会对消费者的购买决策产生至关重要的影响。赠品的发放要及时地兑现，如果是抽奖的话我们的建议是小奖要多，最好是"永不落空"；大奖要有吸引力，如旅游巨奖、汽车使用权等。这样，既有轰动效应，也让消费者感觉能立刻得到实惠，这样路演的效果才能得到充分的发挥。

五是卖场配合细节。卖场是终端的体现，成功的路演必然离不开卖场的配合。一旦达成协议，厂商可以去争取更多的东西，如陈列位置、横幅、海报。卖场对厂商路演的支持主要表现在广告宣传方面。比如允许在明显的位置设立广告牌、横幅、海报等，既然已经投入了不低的费用，这些资源你去争取就显得"理直气壮"，但如果没有去争取，卖场是不会主动给你提供的。

六是其他细节。在策划路演活动的时候，要注意看天气预报，看看搞活动的当天天气是否合适，安全工作如何保障，如果发生突发意外事件，比如突然停电、人群拥挤，应如何处理，这些问题都应该考虑进去。此外，如果是在户外开展的路演活动，事先都要到当地城管办好手续，宣传单也要报有关单位审批，而且上面要注明"维护清洁卫生，不要随手乱丢"的字样，免得城管来找麻烦。活动结束后，还要对这次活动的情况进行总结、评估，发现优势，克服不足，争取下次举办得更好。

第二模块

直指人心的路演设计

　　《孙子兵法·始计》中云："多算胜，少算不胜，而况于无算乎！"大意是说，筹划周密就能取胜，筹划疏漏就会失败，但是不做筹划就毫无取胜的可能。可见事前筹划的谋略在战争中是何等重要。做路演也是一样，在真正见到投资人之前，应做到"准备充分、全力以赴"。要想路演成功，先做路演设计。这一模块主要讲路演设计的五个步骤，即细分听众、谋势、取势、明道和优术。一个完善的路演设计，这五个步骤必不可少。

第一章 路演设计之第一步：细分听众

美国第 16 任总统林肯曾经说："当我准备发言时，总会花三分之二的时间琢磨人们想听什么，而只用三分之一的时间考虑我想说什么。"路演活动中的"琢磨人们想听什么"就是要求项目方在路演前细分听众，这是路演设计的第一步。这一步需要设计者清楚地知道：你的听众是谁？听众最关心什么？你要怎样表达？"你的听众是谁"说的是对听众进行准确定位，"听众最关心什么"强调的是"最"字当头，"你要怎样表达"要求你能够成功打动投资人。

听众是谁——对象定位

想要在路演中真正胜出，首先必须了解你即将面对的听众。全球顶级商务沟通大师魏斯曼在他的著作《演讲圣经》中有一章节便名为"从听众出发"，而现实中的所有成功路演也验证了这一点的必要性。

案例：

有一位创业者，自认为"你的客户在哪里"这个问题的答案已经非常明确，于是在路演过程中理直气壮地回答："我们将客户定位在非互联网的传统行业中需要团队协作的白领人士。"在这位创业者看来，因为团队协作工具在互联网行业已经有一定知晓度，而对于非互联网行业人士而言，这是个新鲜之物。因此这位创业者希望能将一款简洁、易上手的产品展现在他们的面前，以解决他们团队协作的困扰与不便。而他的产品的最大特点在于与E – mail深度集成，将大大便利那些E – mail重度用户。

但在路演的问答环节，这位创业者的这一说法却遭到了炮轰。"你所谓的传统行业到底是指什么？""你觉得谁会是E – mail的重度用户？""你提到了外企大多使用E – mail办公，但他们显然并不是你们的目标客户"……面对这些难以应对的问题的炮轰，这位创业者原本心中坚定的答案迅速瓦解，碎了一地。

路演最终失败，这位创业者通过反思觉得就是那几个"传统行业""外企"字眼让自己跌进了自己挖的坑里。随后，他及时将语句做出调整，不再把目标客户定义得那么狭隘，而是变成了这样的表述——"有团队协作及任务管理需求的中小型团队（如媒体、广告、设计、咨询等行业的主创团队，或一般类型企业中的总务、法务等团队）都是我们的目标客户"。这样一来，回答便清晰了许多，也少了许多会把自己给绕进去的字眼。

这个案例告诉我们两点：第一，创业者在路演过程中，对字眼的把握一定要恰当；第二，关于"客户在哪里"的答案，只有在实践的过程中才知道对与错。

事实上，做路演就要面对不同的听众，那如何了解听众并准确定位听众呢？有两个群体特别重要，他们就是投资人和评委。尤其是在创业者的项目路演过程中，这两类人具有举足轻重的作用。

在路演的时候，讲解人面对最多的听众是投资人，投资人决定了路演融资是否成功。

很多创业者上来讲的多是他们思考这件事情需要做什么，思考因果里面的因，如向投资者描述市场前景、市场空白等。但是，投资人每天要面对很多的创业者，也希望给创业者更多的建议，所以投资人想知道的不是创业者说我今天就要把淘宝颠覆了，明天就要把腾讯超越了，而是想知道创业者现在做的这件事情有什么样的结果，能不能成功，比如你做一些试推广的时候有什么样的结果能够看到，从这个结果里面可以看到这件事情成长的潜力，也会从这个结果来判断这件事情未来是不是有机会。如果结果非常好，投资人其实是非常想知道你的因是什么。这个时候创业者再去讲我是怎么思考这个市场，我为什么能够这样去设计我的产品结构，我的运营怎么跟得上，融资的需求是什么样的，团队是什么样的，等等。大部分创业者没太意识到这件事，所以在路演讲解时总是被挑战、被打断，觉得投资人没有耐心。其实你要理解，投资人是从一定的角度去分析你这件事情的，他希望看到你实际的结果是什么。

评委也是路演过程中创业者必须面对的听众。相信每一个有过路演经验的人，必不可少会遭遇这样的困扰——评委压根不懂我想要做的东西是什么。不了解评委，不能正确定位评委，那么这部分听众就会成为你的困扰。

其实，不同身份的评委所关注的关键点是不同的。如果是高校教授担任评委，他们则较为关注学术类的问题，关注你的产品如何实现或达成应有的效果；而当投资人担任评委时，他们必然关注三个关键问题：你的公司是干什么的？如何与其他同类竞争者区分开来？你的公司如何盈利？有时，不同的创业路演性质也会导致评委的关注重心不同。例如，当你负责申请一项短期借贷基金的时候，创业前辈可能这样指点你：你所讲述的重点需要围绕短期内如何保障资金流水展开，你要明确地告诉他，你可以在 2~3 年后偿还这一笔借贷；当你在面对一个长期投资人时，你所讲述的重点则要放在长远的发展考量，你要告诉他，虽然在前期的第一年时间内你可能会亏损，但是在第二年的某一月你将实现扭亏为盈，并且第三、第四年的营业额将有稳步上涨。创业前辈的这些经验之谈，会帮助你面对不同的评委，对路演方针做出相应的调整。

现实中有的路演高手能够将评审引入自己布的一场局之中，他们的策略是不把内容道尽，留一个众人都好奇的问题让评委来提问，随后路演者道一句"这个问题问得好"，然后开始自己早已准备许久的完善回答。这是路演的又一种境界了，听者、讲者皆欢心。有心者要想达到这种境界，就应该在路演前研究评委的性质，从而在PPT的展示中，重点围绕听者最想听到的关键进行演讲。当然，在路演之后也应该再做一项工作，即整理此次路演评委所问的问题，把这些整理成问题库，再一次深入了解自己的听众，以便在下次路演中继续完善直接的回答。

听众关心什么——"最"字当头

"最"这个字在营销领域具有特殊意义：凡是解决了客户"最"关心的问题，你的营销则无往不胜。作为具有营销属性的路演活动，如果解决了听众"最"关心的问题，你的路演必定是成功的。事实上，如果一个用户痛点不够痛，并且是用户定位不清楚的项目，即使是有一批人用，那也是极其小众的用户，在投资者看来，这样没有太多想象力和市场空间的产品是很难融资的。真正的路演就是面对投资人，因此设计路演必须知道投资人想听的是什么。想知道投资人最想听什么，这里面有很多技巧。

一方面，投资人有很多种，目的就更多了。你如果想拿个人投资者的钱，那最好有针对性地去了解他的背景，如该投资者是干什么的，手里有什么资源你能用上，或者他手里已经有的项目有没有合作的机会，有没有能借力的点。对于投资机构，相对能方便了解一点，对于其已经投过的项目大家可以直接去聊，陌生的个人投资者不会把自己的底跟你交太多，背后可能有很多的利益链条你不知道。

另一方面，公司在不同阶段，从种子、天使，以及 A、B、C、D、E 轮融资再到上市，投资人想听的都不一样。一般来说，种子和天使阶段投资人的投资金额不会太高，他们会先看看创始人还有团队如何，以及模式可不可行。到了 A、B 轮阶段，投资金额基本是千万元级别，这个资金也不太多，关键看你的模式在经过天使轮的打磨之后是否具有可复制性，能够规模化并产生一定的盈利，以及通过前期的资金投入，你产生的数据如何，能不能可持续性地发展下去。C 轮就是变现了，即看你的财务报表。此外，投资人不管看什么项目，他想看到的也就那么几点，无非团队、产品及利益三点。你的产品属于什么行业，在这个行业的产业链里处于什么样的位置，而你的团队成员在这个行业里是否有一定的资源或者经验，最后怎么去赚钱，能不能赚到钱才是核心的点。

其实，比较直接的投资人，一般最关注的就是下面这些点：市场大不大，增长快不快；产品好不好，逻辑顺不顺；数据涨不涨，指标硬不硬；模式有没有，收钱行不行；团队齐不齐，创始人强不强；融资多不多，价格低不低。下面，我们通过一些案例来对投资人关注的问题进行综合，以期给创业者带来帮助。因篇幅有限，摘取了部分项目的说明，不对项目本身优劣做评判。

案例一：

成都心医云科技有限公司推出的"私人心医"项目，定位于一款专注于心血管疾病监护的"智能硬件—移动医疗"联合平台。主要团队来自四川大学软件工程和信息工程等专业。这个项目着力通过穿戴式硬件进行心电采集，通过匹配算法，形成有算法支持的智能诊断。因为心电信号中夹杂了肌肉电信号，所以要采用独立设计研发的滤波算法，过滤掉噪音，稳定测量到包括走路、跑步等各类过程中的心电信号，这个算法可通过 MIT 的医疗数据库匹配特征病例，比如心律不齐等，通过这些匹配出的典型信号来判断患病的可能性。项目的盈利模式，计划来自硬件销售收入和医生服务抽成。

投资人最关心的问题是：这个项目中最有门槛的技术是什么，是硬件还是算法，可穿戴设备的尺寸是否过大，全天候穿着可行性如何，电池续航时间是否较短，为啥不做手环，硬件成本与最终售价之间的差距。

案例二：

和芯微电子创始人邹铮贤是四川首批千人计划入选者，他带来的项目是4G 手机射频功率放大器（PA）。4G 手机产业链主要在国内，但手机 PA 供应商全部来自国外，目前全球主要 PA 供应商为 AVAGO、Skyworks、RFMD + TriQunint，全球市场约 900 亿元，这三家公司的市场占有率超过 85%。国产芯片未被市场认同，并且国内 PA 公司面临知识产权的严重指控。当前射频 PA 在全网通手机的需求量技术增加，一是因为单一手机未来都要做到支持多模、全频段，二是方便生产备料，适用世界各地所有的运营商，方便用户全球漫游。和芯微电子曾冲刺创业板，因各种原因没有成功，邹铮贤表明将新项目看成是二次创业，其技术合作者在国际上有成熟的解决方案。该项目希望融资 4 千万元，有信心 5 年做到 50 亿元的销售额。针对国外企业的竞争，邹铮贤认为对手的策略是 35% 以下毛利的产品不会做，这些年的趋势就是替代性芯片产品的生产不断向中国转移。

投资人最关心的问题是：公司成立期限和技术取得时间；是否为自有知识产权；在融资框架上，是用母公司还是子公司去争取融资；项目怎么与国外巨头竞争；国外企业会不会因为要打压而用低价来杀市场以及如何应对。

案例三：

创品机器人是成都知名度较高的一个创业团队，脱胎于电子科大的这一技术团队，曾多次代表中国参加亚太机器人大赛并屡获冠军，主要研发了运动陪伴羽毛球机器人、物业巡检机器人以及银行大堂服务机器人，其研发的羽毛球机器人曾经因和总理"切磋"球技而闻名。创品机器人核心技术在于毫米级高速移动目标的识别与跟踪技术、人机交互方案设计、高精度运动控制技术、室内外定位与导航技术，盈利模式在于展示合作、行业定制、产品销售。希望融资1500万元，用于人才招聘和产品线丰富。CEO黄山具有多年研发团队管理经验，亚太机器人大赛三届冠军。创始人骆德渊是首席技术总监，拥有10年智能机器人领域研发经验，董事长周锦霆投资了多家知名人工智能领域企业，具有20余年集团公司管理经验。

投资人最关心的问题是：技术的领先度和相比竞品的定价；技术专利是否完全由公司持有；学校在其中的角色；股份集中在哪些人手里；室内机器人与银行合作的定向需求是什么；功能实现的进展；后续有无明确的迭代计划。

案例四：

四川南之冰原科技有限公司推出的企鹅洗车，面对的是一个新的消费场景，在加油站内设置全自动物联网的洗车机器，2.5分钟可洗完车，而加油、洗车在同一个地方也可节省时间成本。CEO廖泽锐是连续创业者，有7年创业经历。这个项目 2015 年 4 月启动，同年 6 月确定洗车设备供应商为竹美，7 月确认中控系统研发方案并开发 APP 第一版，智能中控系统采用自主知识产权，是实现无人化洗车的最重要部分。2016 年 4 月完成初版软硬件研发，同年 7 月试点收集数据和系统调试，目前进入天使轮融资。在场地资源方面，如果要在一、二线城市市区室外做密集铺点，加油站是唯一选择，加油站的场地又决定先入为主。以成都为例，600 个加油站，最多能装 1/3，进入之后就是门槛。洗车成本每次 3 元，给出了几种定价方式，9.9 元/次、249 元/年、预存 1000 元后免费洗车享受年费套餐服务，在付费方式和洗车成本上均比传统方式要低。按照第一个财务年度成都市场占有率 30% 计算，投资成本回收时间在 9 ~ 12 个月。

投资人最关心的问题是：内饰是否能洗、实际功能能否满足大众需求；单台成本；产品使用频率；洗车利润多少；无人员值守卖不了汽车后期服务产品是否影响收入；团队人数；中石油等系统资源如何取得；等等。

案例五：

成都易为信息技术有限公司推出的拼趣家居工业化云设计，定位于首款基于 SaaS 架构的工业级、家居类、VR 设计平台。成都是全国第三大家具生产基地，行业在册企业数量超过 4000 家，但这个行业存在痛点，表现在二维与三维展示的脱节，比如出图慢，一两个小时的 CAD 出图，让用户在现场等到抓狂；二维平面图不直观，顾客无法所见即所得。设计过程用户只能看，缺乏参与感。另外图形与生产数据割裂，导致人工拆单的劳动强度大；错、漏、缺严重，行业平均损耗率高达 38% ~ 52%；效率低，业务链条冗长，交货周期长达 30 ~ 45 天。这个项目的核心是自有知识产权的"多轴仿真图形结构约束"算法，黏性在于游戏简单、有趣的 2D/3D 一体化 VR 设计体验，壁垒在于真实精准的数据累计最终形成的数据壁垒。在盈利模式方面，设计软件可以对工厂拆单按照拆单"流量（方量）"计费，也可对店铺设计按照包月、包年计费。

投资人最关心的问题是：定制家具使用这套系统后是否会增加成本；定制是否成为行业趋势；VR 设备如何导入；用户在消费场景是否有必要用 VR 设备来看展示设计；系统基于什么做二次开发；系统如何应对工厂的非标产品。

兵法有云"知己知彼，百战不殆"。对于不同的投资人而言，他们所关注的领域和对其认知度也有不同，因此创业者要根据投资人的不同关注点来讲解。

路演的核心——成功打动投资人

现实中有很多创业者败在路演过程中的讲解环节，一是因为创业者本身并不擅长言谈，演讲的时候显得特别腼腆和不自信；二是因为没有把握好努力打动投资人这个路演的核心，以至于演讲结束后大家都云里雾里，在最后投资人提问的环节也答非所问。要想成功打动投资人，就必须用一种高效的方式展示。在这方面，PPT 是路演活动中常常用到的一种高效展示方式，合理的 PPT 内容并加以讲解最容易打动投资人。

路演中 PPT 要以简洁为主，增加一些数据表格。具体应包括以下内容：一是公司（项目）基本情况；二是股东（发起人）结构；三是近三年（如有）经营状况、财务状况；四是主要核心产品（服务）及新产品（服务）介绍；五是目前的行业状况、竞争及预测；六是技术来源和商业模式；七是核心管理团队介绍；八是未来 3～5 年的经营计划及营收预测；九是融资计划及用途；十是公司有关活动、文件的照片、音频或视频文件等。PPT 的制作以简洁明了的图片、数据、柱状图为主要内容，辅助配以一些简短的总结性话语使用 PPT 做展示，重点部分（商业模式、盈利方式、财务预测、市场竞争）应突出，路演时多用视线与听众做交流。切忌 PPT 上面写着密密麻麻的小字，然后照本宣科。

要想成功打动投资人，还应该明白路演现场的一些注意事项：一是事先对路演听众有所了解，然后重点围绕听众最想听的关键进行阐述。切忌只有一套讲稿和 PPT，按照固有的方式讲解。二是路演时最好由 CEO 主讲。最好不要让 CFO、CTO、普通员工做主讲人。在路演过程中，主讲人要加强演讲能力训练。三是实事求是，不要含糊或者夸大其词，诚恳真实地说出企业的现状，不回避问题和缺点，例如目前做了哪些事，有怎样的技术能力，现在的产品和运营状况是怎样的，资源支持如何，遇到了哪些问题……切忌好高骛远，一味地"画大饼"。四是先展示创业激情和实实在在的想法或做法，然后再要钱。首先要充满激情，然后靠实实在在的想法和做法落地。切忌只有激情和想法。五是突出项目优势，如核心团队、商业模式、技术门槛、市场渠道等，讲清楚如何赚钱。切忌过分强调企业的技术与产品。六是化繁为简，学会用通俗易懂的语言在有限的时间里讲清楚，让第一次听的人也能听明白，语言有逻辑且生动风趣。切忌堆砌大量枯燥的专业术语和数据。七是了解市场具体的细节，如竞争对手是什么；竞争对手做了多少年；他们的产品是什么；经营模式是什么；利润率是多少；等等。切忌过分注重技术而忽略市场。八是保持一颗平常心去面对，不要为那些不理解、不喜欢、不相信你的想法的听众而苦恼。切忌情绪化，患得患失。

第二章 路演设计之第二步：谋势

古人云："善弈者谋势，不善弈者谋子。"所谓"弈者"，就是下棋的人；所谓"势"就是指客观形势的变化、战略战术的运用、敌我力量的布局和事物发展的趋向。善于下棋的人总是先要把握棋局发展的总体趋势，把能够左右胜败发展的"局"布好、"框架"搭好，控制能够影响棋局发展的关键"方位""站点"，把棋局的发展纳入自己预设的轨道，最终一举奠定胜局。而不善下棋者只从局部着眼，计较一子一时的得失，结果常常因小失大。路演活动，如同下棋，有善弈者与不善弈者的区别。作为路演设计的第二步，谋势这一环节要求设计者做到以下几点：像设计师一样思考；路演前要弄清楚的几个重要信息；寻找灵感，发现突破点。做到所谓的"善弈者谋势"！

像设计师一样思考

设计师最重要的特质便是需要时时刻刻地思考，思考就需要静下心来，哪怕是一瞬间的触动，依然需要用安静的心态去理解，才能整理出有价值的头绪。路演设计也应该像设计师一样思考，思考如何才能让路演活动有更多的亮点。比如乔布斯在 2007 年的第一代 iPhone 发布会上，首先说要发布一款触控屏 iPod、一部手机和一个互联网浏览器三款设备，再说其实这三款产品是同一个设备，它就是 iPhone。因为这三款产品都是人们熟悉的或者好理解的，最后说其实是一个具备这三个功能的设备。如果他开始就说是一部全新的智能手机，让人感觉没有什么新意，也很难传递新在哪里。

每次路演活动都该有它的亮点，但很遗憾的是，仍有一些人虽然以饱满的勇气做路演，但最后却如石沉大海，杳无消息。为什么？因为这些人没有像设计师一样思考。下面我们来看看氪空间项目筛选活动的设计亮点，从中可以感受到路演设计者像设计师一样思考的创意火花。

案例：

成立于 2014 年 4 月的氪空间是全国首个"零收费零占股"的创业孵化器。除了免费为创业团队提供融资、办公、法务财务、工商注册等服务之外，氪空间依托于其母体 36 氪的创业生态，更为优秀项目提供项目曝光、顶级活动、股权融资等独家资源。在 2014 年 5 月 36 氪与亚马逊联 AWS 联合举办的氪空间项目筛选活动上，15 个初创团队登台亮相，最终有 3 个团队在路演项目中脱颖而出获得奖项。现场来自复兴、华创、红杉等机构的投资人，对路演项目质量给予了极高评价。这里我们将上半场的 7 个项目进行梳理，并总结其项目设计亮点。

玩聚北京项目旨在贩卖生活方式，做城市派对电商。其模式是将同城活动杂志化呈现，用户可与某个活动的潜在参与者结成在线群组。通过线上聊天，线上预定，线下消费，打通从建立信任、预定活动、线下验票到社交延续的闭环。对用户，解决发现同城活动以及与陌生人组局的问题（下班后找人 K 歌、泡吧等）。对商家，解决周一到周五的流量需求。

项目设计亮点：通过线上群组聊天形成信任。提供了一定的组局方案以激励集体活动，会根据活动参与人数的不同，提供级差定价。

上街吧项目是移动端时尚搭配工具，旨在让每个人都能做时尚自媒体。其模式是在移动端提供一个简单、强大的时尚搭配工具，用户可以调用各种单品素材，搭配组合成自己的时装微杂志，既可用于个人收录，也可用于分享。该产品将内容生产成本降至最低，采用 UGC + PGC 机制，输出适于碎片化阅读的时尚内容，让每个人都能成为时尚自媒体。

项目设计亮点：创始人来自阿里，主要做搜索、推荐及大数据相关的技术和产品，曾主导研发了阿里以图搜图和来往。产品提供了一套时尚预测算法，可以从上百万单品中抽取出用户潜在需要的时尚素材。

微娱项目是娱乐业人才发现平台。其模式是搭建一个平台，一端是娱乐机构、节目、活动等资源，一端是潜在人才（中国每年有 50 万名艺校生毕业），中间通过展示、选拔、数据、粉丝互动等进行连接。通过社交化、数据化、透明化的方式，让娱乐人才能够更充分地自我展现，机构、猎头也能更高效地进行人才挖掘。

项目设计亮点：团队构成比较合理，在线招聘团队 + 娱乐业人才的跨界组合。

半步趋成项目是通过搭建测试用户、种子用户社区，帮助产品早期迭代。其模式是搭建一个测试用户 + 种子用户社区，帮助开发者在正式推出产品前搜集用户反馈，实现快速迭代。对社区专家用户，采用类似知乎的机制，可以输出专业观点和服务；对社区普通用户，通过分析、分组将其结构化，帮助产品更科学快速地搭建内测用户群，并在推广初期获取种子用户。整个生态体系将基于积分等奖励机制运转。

项目设计亮点：让产品在开发阶段就可以实现基于用户反馈的快速迭代，降低了开发风险和成本。

微营养项目是通过扫一扫的方式，用户就可以知道每顿饭的营养成分和热量。其模式是基于图像识别技术和特定算法，让用户利用手机摄像头，在一到两秒内识别每顿饭的营养成分和热量。与个人健康档案建立关联后，可以做到热量实时预警。未来将由营养识别工具切入个人健康管理。

项目设计亮点：需求场景足够普遍，邻接的相关产业（比如健康管理、医疗、运动、餐饮推荐等）都十分可观。目前国内外有不少产品都在朝这个方向尝试，但识别准确率、易用性仍是门槛，微营养在识别速率上有优势。

鲜旅客项目是一个全球中文导游预约平台。其模式是旅游 P2P，以类似 Uber 的模式让国内出境游客和目的地落地向导对接，砍掉地接社等中间环节。导游资源以华侨、留学生、专业导游为主，可以为用户带来个性、深度、自由的旅游体验。

项目设计亮点：旅游 P2P 或者说旅游业脱媒是一大趋势，对接游客和当地导游的创业公司已经不少，说明方向正确，无非是谁能最后出头的问题。

千鲤招聘项目是一个大数据、语义分析驱动的招聘引擎。其模式是搜集、整理、结构化分析海量简历数据，用自然语言分析的方式提取简历特征，基于特征匹配做到精准推荐。盈利方式上主要是 CPS 和数据增值服务，之后也会做技术授权。

项目设计亮点：切的痛点足够深，用大数据＋语义分析解析简历的做法比较新颖。

上述项目的设计亮点，让我们更能深刻地理解路演活动设计者如何像设计师一样思考：能够像设计师一样思考的路演活动设计者，其首要的素质是机敏而果断的布局意识及准确与适度的布局艺术。通过线上群组聊天形成信任、通过产品提供一套时尚预测算法、比较合理的团队构成、让产品在开发阶段就可以实现基于用户反馈的快速迭代、需求场景的选择等。路演设计者像设计师一样思考，要求设计者谋划自己的长短目标定位、正负力量布局和虚实能量互补，力求使路演活动取得事半功倍的效果。

路演前要弄清楚的几个重要信息

基于互联网的快速发展，信息的传播达到"地球村"的概念，在这种情况下做路演就必须了解一些相关信息，这些信息既有政策方面的，也有行业内部的，还有一些是需要避开的"潜规则"。那么，作为项目方在策划路演时需要弄清楚哪些重要信息呢？下面我们一起来看看。

第一，避开项目路演收费的"潜规则"。一位创业者为了项目推广和品牌曝光，参加了一场号称是全国性的赛事，初赛遴选后，顺利晋级，这时大赛承办方开始与入围的企业开闭门会，要求每家缴费3万元，推荐到北京直接参加全国总决赛，几家企业都已现场刷卡，到这时这位创业者才机警地拨了电话咨询相关部门，最后避开了交费。目前的创投形式，自国家到民间，都在服务于创新创业，大批的政策松绑和补贴都落到实处，不管创业者参加的是科技部组织的国赛项目评审还是教育部组织的大学生创新大赛项目评审，对项目方和创业者而言都是免费的。所以，项目方一旦碰到这样的赛事或平台，通通屏蔽。

第二，警惕以项目路演为名，实为业务招揽，推销其微商运营、众筹课、微课堂等。这两年传统经济下行，造成很多策划公司、咨询公司、培训公司、明星讲师纷纷转型或转行，当然这其中有的转型成功，成为创投中间力量，比如和君、盛景网联、零点咨询等，而更多的是伴随制造业而掉头向下的大批量的服务机构。当它们回转身来想跟上经济的节奏和步伐时，已然落后好。

这在风投圈也是如此，以前区域性的创投公司围绕熟悉的地域和领域布点投资就足够，可是这波新经济浪潮打通了国际国内，一些机构开始从国际到国内跨行业、跨周期地布局，而另一些则逐渐游离出投资的核心圈子。所以，我们看到在一些孵化器和平台又开始大量涌现出了许多"教父""第一人"等，而在国家规范众筹、P2P等融资形式时，依然有许多没有备案和资质的机构开始出现在各个孵化器中，推广其股权众筹、微商系统等，把许多硬伤很重的项目过度包装推送给没有识别能力的个人投资者，赚取包装费用和融资费用，破坏了创投生态。

第三，正视高校系统的路演弊端。目前通过教育部组织的中国"互联网＋"大学生创新创业大赛来倒逼和驱动高校教育改革，并将高校多年积累的技术和专利开始有序向市场化转移。但这也为一些伪机构或平台提供了可乘之机，联合一些企业以组织类似大赛为名，收取企业家费用，包装成创业导师，摇身一变开始登陆高校，因为高校相对封闭，所以高校创业学生和老师要加强对类似平台的识别能力和自我保护能力。

第四，项目路演搭台，股权融资有戏。这方面主要有以下信息在设计路演前必须弄清楚：

其一，一些高新技术转移和高校项目纷纷移植落地各地孵化器，这些大都有技术专长，因为国家政策和高校政策的松绑，之前一些知识产权归属的问题迎刃而解，一些实验室或学科带头人也纷纷进场创业。这些创业项目，往往有较高的技术门槛，高素质的团队，按理应该比较契合资本对项目的偏好，可是现实却令人大跌眼镜。因为创始团队往往是技术带头人，在专业领域非常权威，可是在组建团队、划分股权、商业运营、对接资本方面往往经验不足，尤其是对股权融资不熟悉，有的借用路演平台不为融资，只为出售手中技术；有的国际国内多点布局，拿其某一模块或项目融资，虽然资本对创始团队瞄准的市场、有门槛的技术、高素质的团队非常有感觉，可是因为前面的缺失，不得不放弃跟进，在这块领域，尤其是目前产融结合、物联结合的创业时代，更要在技术与互联网、资本的融合，创始团队要加大这些领域的学习和合伙人的引进，同时，更多地参加几次路演，通过创投双方的交流，不断地补充完善商业计划。

其二，项目方可以与平台组织方提前了解一下路演现场的投资人。在与资本对接方面，适合最重要。项目方要结合自己所在产业、所属企业的发展阶段，寻找与自己门当户对的资本机构，因为项目方在与资本对接时，除去资金的融通，更多地还要考虑融资、融资源，这样在资金注入企业后，资本也会保驾护航，加速企业的成长。许多冲着老牌、大牌基金去的早期项目，因为区域、投资阶段、在投项目等往往无功而返，不是项目本身不优秀，而是阶段不匹配。

其三，项目方对项目路演现场投资人的反馈要理性对待和判断，对投资人的语言要识别，不要过度解读。因为项目路演大多不是私密的一对一情景，所以投资人在与项目沟通时，往往含而不露、点到为止，而这种含蓄的沟通方式导致许多项目方在解读时往往是利好，但在投资人心目中可能却是否定该项目的。项目路演现场最关键的是通过台上的路演和现场的沟通讨论，筛选出对项目感兴趣的投资人，从而在会后持续跟进。毕竟有共鸣，才会有后续的 3～6 个月甚至是时间更长的接触、沟通、尽职调查、谈判、合作。

在这新旧经济形态转换，以移动互联网和物联网为代表的新经济浪潮中，许多传统企业转型步履艰难，这为轻装上阵的新创企业提供了弯道超车的机遇，而作为新创企业，要更高效、更有力地借用资本的力量，通过路演活动登台亮相，绽放自己的光芒！

寻找灵感，发现突破点

如何突破固化思维，开阔新的思维，让我们的路演设计更有意思、更具吸引力呢？下面我们不妨来分析几个案例，以引发我们的发散思维，寻找路演设计灵感，实现新的突破。

案例一：

2013 年 3 月，三星在德国举办巡回路演展示设计，活动邀请了来自德国各地的销售商，为期一个月。这次的产品发布将在德国的 7 个城市巡回举办，展示三星在各领域先进的技术与设计，这也将是三星在欧洲与德国最关键的商业路演。通过本次活动体验与感受三星 2013 年的前沿科技与新品系列。

项目设计者 Dalziel and Pow 为三星在欧洲设计多处展厅与办公空间，此次路演展示设计也交由他们继续发挥创意。这次设计面临的最大挑战是既要展示三星的核心要素，又要便于在 7 个城市间快速搬动与安装。因此设计要考虑每一个细节，小到细微的体验、大到整体空间的视觉把握。

标准模块的中心展区是本次活动的重中之重，这里展示三星最新最先进的产品。高达 4.5 米的蓝色镂空模板配合蓝色光源营造出神秘的氛围，交错的空间造型从场地的每个角度都得以看到并进入，由此将整个场馆联系在一起。其他较为关键的展示空间是培训室以及一个功能齐全的厨房料理台。

为了强化品牌形象并延续统一的设计语言，设计师不仅考虑展示空间的元素，并将该元素延伸至其他附属产品的设计上，比如邀请函、免费卡片、手袋、产品包装等。通过一个简单元素的重复使用与重组，以及色调的定格，令这次路演的展示形象深入人心。

　　本次设计的灵感源自三星的口号"Make More Possible"（发现更多的可能）。雕刻板的图形源自三星产品的轮廓造型，通过重复与设计重组形成独特的装饰，主板上还雕刻有"Innovation、Inspiration、Emotion"（创新、灵感、激情）三组字母。在每个系列的展示区域都以醒目的粗大字体加以说明，不仅诠释产品信息，也成为空间的图形装饰。

　　这是三星最为成功的一次路演展示，这点可以从现场的来访人数与订单得到力证，也再次奠定了三星在德国稳固的市场份额。

　　在三星德国巡回路演活动中，设计者很好地把握了标准模块快速搬动与安装，蓝色镂空模板配合蓝色光源，强化品牌形象并延续统一的设计语言，简单元素的重复使用与重组等重要元素，从而收到展示设计的预期效果。

案例二：

2015 年 8 月 11 日，"2015 国际技术创新及智能产业峰会"在深圳蛇口希尔顿酒店拉开帷幕。这主要是项目寻找投资人的路演，内容涵盖了先进制造、工业自动化、智能硬件＋互联网、TMT 等多个领域。其中很多项目都有创新突破点。

　　最接地气的"爱生活"集体宿舍 Wi－Fi：这个项目听起来很简单，看起来也很简单，用起来也很简单——手机触碰下设备，投币就可以上网，不用用户名和密码，而且 1 元钱上网 4 个小时，即买即用。该项目已经在东莞一些工厂、深圳湾工地上投入使用。项目创新突破点：这个项目的硬件和平台已经通过验证，合作互赢的商业模式也得到了验证，也涵盖了不同宽带的运营商。该项目的口号是"不能看视频的 Wi－Fi 都是耍流氓"，能做到使用这么便捷真不简单。

SSIMWave 视频压缩：带来这个项目的是加拿大滑铁卢大学教授王舟，他是 SSIMWave 的 CEO 和联合创始人，曾获加拿大总督的 Steacie 奖（加拿大科技领域的最高奖）。项目创新突破点：在宽带成本与用户体验的矛盾中，视频压缩技术就是救命宝。王舟博士是 SSIM 算法的发明人，该算法据称被工业界广泛采用。

量子加密通信：带来这个项目的是多伦多大学 QKDLABS 团队。他们的特色在于密钥产生和传输方式：一是高速量子随机数发生器，利用量子涨落的真随机数据来产生密钥；二是通过光纤进行量子保密通信，防窃听探测。项目创新突破点：目前几乎所有的加密手段都是基于计算复杂度，安全等级就靠复杂度来提升了。QKDLABS 团队则致力于研发基于量子技术的加密通信手段，为关键基础设施、通信节点、金融服务等行业提供量子加密方案。

华鹰金石和飞行服务站：华鹰金石业务包括飞行模拟器、机载 ADSB 及自转式旋翼机。飞行模拟器是华鹰金石自主研发的，可用于多种航空器的飞行培训，且可在全动平台上完成整个培训任务。它看着像玩具，但其实内部配置可完全是模拟飞行器的级别：3 轴运动平台，可脱离运动平台使用；3LED 显示器配置，可提供 110 度视角，安全停止开关设计；双座椅、双控制设计；兼容多种飞行器；救援系统；双操纵杆配置，中心操纵杆配置。ADS－B 系统是广播式自动相关监视系统的简称，由多地面站和机载站构成，以网状、多点对多点方式完成数据双向通信。机载 ADS－B 是华鹰自主开发。该公司还代理赛荣旋翼飞机，一辆 150 万元。另外，该公司 1000 万元时出让 20% 股权。项目创新突破点：华鹰金石的三款产品都是高科技产品，其技术方面的突破点很多。飞行模拟器在启动后，学员可获得真实飞机的驾驶体验。由于它具有双重控制系统，学员可与教练一起在这种仿真环境下训练。这听起来跟驾校的车一样，只不过开的是飞机。机载 ADS－B 听起来很高大上，其实很简单。赛荣旋翼机机身前部带有摄像头装置，可以随时随地录制现场环境情况，能处理几乎所有的突发状况，可广泛用于部队空中巡逻，公用事业基础设施的检查，如管道和电力线路。

植保无人机：这款无人机载重 100 斤，续航 20～30 分钟，直接把航模变成了空中机器，当然也可以采集大数据。项目创新突破点：喷农药代替农民手工，保护农民安全这件事无疑是很好的。

动态人脸识别：这是泰首智能的项目。该项目与其他玩家的技术对比，在识别距离，模板、识别人数方面都有显著优势。项目创新突破点：动态人脸识别项目除了安防还有一些有意思的应用，例如，在酒店大堂或举行会议活动，可以自动检测到某 VIP，打出相关欢迎信息；在边检站、火车检票等领域如果广泛采用的话，效率也可以快速提升。

"小酒保"饮酒服务管家：这是森克普酒精检测器的第二代，号称国内唯一支持 iOS 和 Android 系统的酒精检测智能硬件，配套 APP 提供酒精检测及饮酒相关服务。项目创新突破点：该项目是劝诫喝酒人士不要过度喝酒的一个很好的工具。项目 APP 做得很好，不仅有酒精检测、解酒预测，讲解中还提到能接入代驾和打车第三方。

在"2015 国际技术创新及智能产业峰会"中，上述这几个项目除了软硬件结合的典型"互联网＋"项目，还有一些学术性的基础技术突破。这一点让人很感动，因为我们现在就需要这类项目升级技术水平。

案例三：

2016 年 7 月 21 日，在北京酒仙桥洪泰创新空间，由应大赞助的闯先生垂直服装加速营终极筛选中，前寺库联合创始人、前美丽说 VP、亚洲小姐、前创业家 CTO 纷纷上台路演。应大时尚产业基金、探路者探梦工厂、韩都衣舍、洪泰基金、洪泰创新空间、纪源资本、中科招商、正和岛、贵格天使、禧熙资本等各路资本汇聚。犀牛小姐、POLLYANNA KEONG、他她岛、优衣客、垂衣、约惠、直系家庭潮服、MS、绘事后素、V + Bra、STYLSHOW、NIEVA 品牌、创衣客、职业门、烈司、Minefield、拓狮、漂亮盒子、男士购、找货么、那件婚纱 21 个项目与投资人进行了精彩的交流。

这次路演有许多颜值爆表的设计亮点，体现了设计师的才华。例如，《欢乐颂》背后的独立设计师姜悦音来自澳门，从小生活在北京，从小学习绘画艺术，受音乐及美术的熏陶。其设计的特点在于将平面设计、工业设计与服装设计相结合，重点在面料设计上下功夫，剪裁上简约而不简单，注重细节。又如，独立设计师品牌 GE NIEVA 于 2014 年由法籍华人设计师张戈在法国巴黎创立。张戈设计师以独特的艺术创想为灵感，以高级进口面料为载体，讲述欧洲时尚发展的国际化语调。此外还有他她岛创始人杨静、漂亮盒子创始人洋洋及闯先生服装垂直加速营等。有人说关于时尚创业，看这些项目就够了，此言非虚！

第三章　路演设计之第三步：取势

　　"势"往往无形，却规定了方向，顺势而上则事半功倍，逆势而动则事倍功半。取势，就是把握透了外部形势的态势和发展走向，并顺势而为的一种行为。取势是一种能力，要能敏锐地把握外部环境的变化，从中分析和判断出未来的趋势，结合个人的情况作出调整，这是"取势"的最高功力。作为路演设计的第三步，取势这一环节要求设计者谋篇布局，具体做到以下几点：一是产品演示，能够有效地演示产品；二是战略定位，要准确地描述公司并提供数据支撑；三是市场规模，要掌握用户数、转换率和区域覆盖率；四是商业模式，应该包括简单而有效的运作流程和盈利模式。这是路演活动"放之四海而皆准"的道理。

产品演示：有效的产品演示 5 分钟就够了

　　什么是有效的产品演示？有效的产品演示要有数据、有逻辑、有分析，让人明白你做的是什么，懂得怎么做，有计划去执行，有备选可抗风险。事实上，所有这些并非需要长篇大论，5 分钟的产品演示就能有效。

　　产品演示需要的"5 分钟"不仅是一个时间概念，它更是对讲解人综合能力的考量，有能力的讲解人能在有限的"5 分钟"之内完成清楚的表达。

当被称为"Google 小子"的谢尔盖·布林和拉里·佩奇走进红杉资本公司的大楼为他们的新搜索引擎技术寻找投资时，只用了一句话描述他们的公司"Google provides access to the world's information in one click"（Google，一键通世界）。从那以后，凡是进入红山资本公司大楼的创业者都被要求提供自己的"一句话"，也就是用一句话来描述产品。

"Google 小子"的这句话有 63 个字符，10 个单词。但就是这 10 个单词，使投资人马上就知道了 Google 的技术意味着什么。就像一位投资者说的那样："如果你不能用 10 个单词跟我说清楚你在干什么，我不会投资，我不会收购，我没有兴趣，谈话就此结束。"由此看来，在做产品演示时时间的把控很重要。

其实，路演活动中产品演示的关键要素实在是太多了，有很多东西在你讲解产品之前就已经决定了。例如，你对产品的激情；你对产品和团队的自信；你能不能把握好讲解的节奏；能否让观众真正将注意力集中在你身上，而不是幻灯片中的文字上；路演排练的程度是否足以保证你能全程面对观众脱稿讲解；是否准备了足够的答案来应对观众的问题；能不能给观众制造惊喜。所有这些，都是对讲解人综合能力的考量。

战略定位：描述公司需"微辞原理"和数据支撑

在路演活动中，项目一方必须向听众阐述自己公司的战略定位，以期获得各方的支持。阐述公司战略定位就必须对自己的公司进行描述，这就涉及如何描述的问题。一般来说，描述公司要介绍公司的基本情况，诸如公司的经营业务范围、公司的历史、公司的市场开拓业绩，重点介绍公司的发展规划和远景，简要地介绍公司的组织架构。在描述公司时，"微辞原理"和数据支撑是两个有力的法宝。

路演过程中描述公司运用"微辞原理"，就是要用最简短、最精辟的话语向听众描述自己的公司，这样才能在有限的时间内让听众了解你的公司，从而增强投资信心。在这方面马云是个榜样，他在 2014 年 9 月 8 日阿里巴巴全球路演第一站纽约路演中的演讲，为我们做公司描述提供了一个范例。下面是马云在这次路演活动中的演讲稿。

大家好，我是马云，阿里巴巴集团的创始人和董事会主席。

15 年前，在我的公寓里，18 位创始人有了一个梦。这个梦想就是，在某一天我们能够创立一个为成千上万小企业主服务的公司。这个梦想，从始至终都没有改变过——让天下没有难做的生意。在阿里巴巴，我们为一些小的生意人奋斗，和他们的客户在不懈努力。其实，我们的目标非常简单：能够帮助商家和客户找到彼此，并按照他们独特的需求方式来开展服务。我们帮助这些小生意人成长，创造出前所未有的工作机会，开拓出崭新的市场。

如今，15 年过去了。我们在中国已经成了一个家喻户晓的名字。现在，我们也已经准备好让全世界来认识我们。

稍后，您将听到我们公司商业上经营的细节。不过，首先让我带您开启一段走遍中国的旅程，让我们通过一些真实的人们以及他们的真事，看看阿里巴巴对他们产生了什么影响。

我深感荣幸，能和你们分享这些故事，能为您展示阿里巴巴的精神与核心。

让我感到更加自豪的是，我们能够点燃创新、创造机会、造福客户，并且能给创业者圆梦。通过阿里巴巴这个平台，人们能够改善他们现有的生活，并且能够憧憬一个更好的未来。从我们最初很单纯的一个小期望开始，如今15年过去了，阿里巴巴已经改变了中国电子商务的模式。我们的业务不断发展壮大，但是我们从未丢失对于客户第一的理念。我们始终专注于帮助客户解决问题，基于这点，也成就了我们最好的业务结果。

阿里巴巴已经走过了一段不短的旅程，要让阿里巴巴成为一家持续发展102年的企业，还有87年的时间需要我们努力。我们深知，今天很不易，明天更加困难，但是未来是无限美好的。因此，我们必须更加努力，才能够在未来的漫漫征程中赢得胜利。

对于马云的此次路演演讲中的战略地位及意义，法国《费加罗报》在路演当天刊登报道，分析了阿里巴巴选择此时上市的战略意义。报道称，马云按照《孙子兵法》的精髓行事，精心选择有利于自己的时机，对全世界投资者发起了猛攻。该报引用专家观点称，马云此次筹集资金的关键意义在于弥补自身的弱点，尤其是在社交网络工具、物流及小商铺方面的不足。社交网络工具不够强大成为阿里巴巴的"阿喀琉斯之踵"。据分析，为了应对挑战，阿里巴巴一方面要壮大自己的社交网络工具，另一方面也将连锁商铺作为吸引消费者的一个重要抓手。而这些都需要大量资金。此外，向国际市场扩张也是阿里巴巴此次上市的一大目的。《费加罗报》称，目前阿里巴巴的国际知名度还不高，它希望借此次上市为自己赢得国际声誉。该报回顾说，近年来，阿里巴巴采取多种办法吸引外国品牌，比如2014年5月，阿里巴巴就和法国外交部签订协议，为法国企业入驻天猫网站提供便利。

数据在商界颇为重要，不管是什么行业，也不管公司规模大小，它已经深入到人们生活的各个角落。数据支撑在路演过程中描述公司意义非凡。中国电商巨头阿里巴巴在美国纽约路演，这一热点事件引发了法国媒体的广泛关注。法国《世界报》称阿里巴巴吸引了众多投资者和财经分析师，它的数据表现"令人眩晕"。

阿里巴巴上市之前，《世界报》就曾报道，如按阿里巴巴预估发行价计算，上市后该公司市值将超过 11600 亿美元，但部分业内人士预计，阿里巴巴挂牌后市值有可能超过 2000 亿美元，相当于世界第一大奢侈品集团路威酩轩（LVMH）、法国电力集团以及空中客车公司市值的总和。

根据阿里巴巴在 2014 年 9 月 5 日提交的修改版招股书，有公司估计其 IPO 发行价在每股美国存托股（ADS）60 美元到 66 美元之间，拟发行 3.20 亿股美国存托股。按上述发行价预估区间中值计算，阿里巴巴 IPO 融资额将在 200 亿美元之上，从而超过维萨卡公司 2008 年 3 月上市创下的 179 亿美元的美国 IPO 融资额纪录。

阿里巴巴如同一匹"神兽"，"它以没有节制的速度发展壮大，令美国在线商务同行们黯然失色"，《世界报》如此评价。"史无前例""数额巨大"……此外，法国《回声报》、BFMTV 也不约而同将阿里巴巴 IPO 作为首要关注焦点。

事实上，阿里巴巴在纽约证券交易所上市的首个交易日，以股价飙升 38%、总市值达到 2310 亿美元的惊艳成绩单，完胜美国本土明星互联网企业脸谱网，一举杀进全球上市公司前 20 强，成为华尔街的年度新宠。

从上面可以看出，在设计路演活动时，公司描述这一块应该特别注重"微辞原理"和数据支撑这两个法宝。

市场规模：用户数、转换率和区域覆盖率

设计路演活动需要做市场分析，这个市场分析主要是针对投资者的，因此必须明确投资者这个市场的规模有多大，详细了解投资者数量、投资者转换率、投资者区域覆盖率等。如果在这些方面都有一个充分的了解，那么你的路演就更容易收到良好的效果。

路演活动必须针对用户，也就是你要争取的投资者。投资者作为你的产品或项目的用户，其数量的多少是考量路演是否成功的一个重要指标。为此，在设计路演活动时，要搞清楚可能的投资者都有哪些，还有他们所从事的职业、投资取向，以及性格等各个方面。

转换率也是针对投资者而言的。路演中的投资者转换，指的是投资者在参观路演的过程中由一般观众（听众）转化为实际投资人。投资人越多、转换率越高，获得的资金也越多，同时也说明路演是成功的。事实上，如果你的管理层团队在路演过程中有良好的表现，会受到各方投资者的热捧，从而带来很高的投资者转换率。

区域覆盖率是设计路演时必须考虑的问题，因为投资者（包括个人投资者和机构投资者）可能会来自各个地方、各个领域，也许你的身边就有你要找的投资人。要时刻切记：路演是为了引起投资者的关注，路演的目的不仅是要引起投资者的关注，还要演变成投资者的认可，这实际是一个过程，是路演的目标。

商业模式：简单而有效的运作流程和盈利模式

在路演中有的创业者可能会说，"我的产品就是淘宝那种模式的"，"我的对手都是傻子"，"我有'线人'，可以随时探听竞品的动向"。而所有的投资人也会说，"我们下次再合作（微笑）"。很多创业者认为"类比"这种修辞是使投资人理解商业模式的最有效方法，殊不知针对同一个项目，投资人和创始人的理解不一定一样。其实，在设计路演过程中，如果能让路演展示一个好的商业模式，就不会出现这种情况。

我们先来看看陌陌是如何在路演 PPT 中展示自己的商业模式的。

案例：

陌陌于美国东部时间 2014 年 12 月 12 日在纳斯达克交易所挂牌上市。在路演 PPT 中，陌陌自称是中国仅次于手机 QQ 和微信的第三大移动社交网站，并提及陌陌将利用地理位置服务和技术及大数据分析能力，为用户提供更多本地生活、购物和娱乐信息。路演中陌陌向人们展示了它的用户样板分析及可能的商业模式。

在路演中，陌陌称自己的目标就是找到和发现在用户身边的快乐和娱乐，并称拥有 1.8 亿的注册用户量，拥有 2500 万的评价 DAUs，还有 450 万个群组。在当前中国的社交网站中，跟新浪微博、微信、手机 QQ 都不同，陌陌有非常不同的定位，主要是针对陌生人群。用户主要是通过陌陌进行交流，其次是群聊、游戏等，还有查找附近有趣的事和服务。陌陌的开放平台，有查找附近的群组、查找附近的人、寻找附近的服务等功能。陌陌的可持续成长，包括会员、游戏等增长情况，还与阿里巴巴、58 同城达成合作。

路演中陌陌称将持续改善用户生态，加强品牌建设，并持续在创新领域投资，在大数据领域加强投入。陌陌的大数据进展，致力于改善社交生态系统，加强社交技术，改善内容，利用位置服务技术，加强内容相关性。陌陌还介绍了自己的管理团队及财务亮点，管理团队包括陌陌战略投资者，当时阿里巴巴占有陌陌 20.7% 的股份，经纬中国持有 19.9% 的股份；财务亮点方面陌陌称其收入高速成长，尤其是会员收入增长很快。通过和 Facebook、微信、手机 QQ 及 YY 等对比，陌陌称自己未来具有巨大的增长空间。

事实上，一个好的商业模式，会让人一听就能听得懂，一想却想不到尽头。那么，什么是好的商业模式？好的商业模式应该包括简单而有效的运作流程和盈利模式，具体包含这样几个基本要素，一是用户的价值定位，即满足什么样的用户需求；二是业务运作链，即公司的业务形态；三是资源整合，即内外部的相关资源如何合作；四是盈利模式，即采取什么方式盈利。设计路演活动时如果能够把握这几个基本要素，那么在路演展示商业模式这一块就可以快速理清思维，精准地将投资者最关心的商业模式问题传达出来，投资者也更易了解项目全局，从而做出投资规划并付诸实施。

第四章　路演设计之第四步：明道

古人云："道为术之灵，术为道之体；以道统术，以术得道。"这句话强调的是，如果没有一个明确的指导思想，战术就是偶然的、侥幸的。道是理念、客观规律，是原则，不以人的意志为转移或变化。"明道"就是通过学习多种知识和理念，研习、领悟并通过实践不断地领悟、明确认知、掌握客观规律。作为路演设计的第四步，明道这一环节要求设计者具体做到以下几点：自主创新，要创新为先，在创意中前进；增长策略，要亮出通向未来的增长策略路线图；管理团队，要描述团队所向披靡的战斗力；股权结构，要明确股权结构，传递共赢精神；财务亮点，需要说明八项财务内容。

自主创新：创新为先，在创意中前进

有创意、能创新是路演设计的一个重要使命。有创意、能创新，才能使路演活动够新颖，才能收到良好的效果。下面先来看两个案例。

案例一：

2015 年 9 月 28 日，由第二届贵商发展大会组委会联合省科技厅举办的

"创客贵州"创业创新大赛在贵阳正式揭晓、颁奖，并针对部分项目进行了路演，吸引了不少投资人的关注。在决赛项目路演现场，来自贵州勤邦农业科技服务有限公司的"贵州农村电商服务平台'云上农家'"项目、贵州医科大学器官打印与生物制造中心的"基于 3D 打印技术和静电纺织技术的可吸收高强度骨科螺钉套研发"项目、江苏岳创信息科技有限公司的"通讯零售 e 管家 MIS 云管理平台"项目、草木皆兵团队的"贵州湄潭速溶茶生产及衍生产品建设及贵州绿茶国际价格标准体系建设"项目、贵州欧瑞信环保科技有限责任公司的"GWC 无土（纤维）喷绘覆盖材料技术"项目、突击队的"优优陪练"项目以及贵州峰能科技有限公司的"您身边的智能用电网络"等项目。参与了此次路演，"有创意，接地气，智能化"是这几个项目给所有评委、投资人留下的最深刻印象。

案例二：

2016 年 9 月 12 日，由牛投网举办的创业者项目路演——"投名状"迎来了 10 强晋级路演 PK 赛。"投名状"是一场让创业者通过递交商业计划书从而直面投资人的创业竞赛活动。丰厚资本杨守彬、源政投资杨向阳、洪泰基金盛希泰 3 位投资人，分别代表 3 个门派加入"投名状"，牛投网从收到的 803 个有效项目中筛选出 84 个优质项目进入 10 强晋级赛。最终，每个门派胜出的前 10 名创业者将与投资人进行面对面投融资谈判。牛投网认为，现在的创业项目众多，创业者和投资人必须在短时间内进行展示和决策，而有创意、能创新的路演设计足以在既定时间内完整地呈现一个产品定位明确、商业逻辑清晰的项目。有一位从事无人机领域的创业者，由于路演时过于想要展现项目的优势，他的演讲缺乏创新点并且严重超时，效果不错仍然惨遭淘汰。

以上两个案例都说明了创意、创新对路演的重要意义。其实，你的项目独一无二的地方就是能够创意、创新地解决问题！

如果一个项目无创意、无创新，那说明你对项目的思考不够深入。那么，怎样设计出一场有创意、能创新的路演呢？这需要设计者既能摸清投资人的投资逻辑，也要明白项目自身的展示逻辑。

从投资人角度出发，投资人一般会对项目存在如下几个方面的兴趣：项目与团队概况；行业痛点分析或用户需求分析；竞争对手分析；融资计划；目标市场规模分析；业务模式；运营现状及未来策略。因此，针对投资人的需求，路演设计应该有的放矢地提炼出项目的重点信息。在天使轮阶段，生硬地假设和预测项目的市场份额是不可信的，创业者大概描述一个所在市场的数量级即可；如果项目进入了 A 轮或者后续的程序，就需要对市场规模有详细的分析，包括对存量和增量市场的研判。这些都是设计路演活动时需要充分考虑的。

从项目自身的展示逻辑来说，商业计划书是重中之重。很多创业者即使知道在商业计划书中准备什么样的内容，但也仍然缺少创意和创新，以至于路演平淡无奇，不能打动投资者，因此制作商业计划书的技巧也非常重要。商业计划书其实就是一个逻辑完整的商业故事和项目名片，当创业者准确有效地完成路演，投资人不仅能够记住你的故事，更能记住你的团队。

展示项目必然要借助一些路演使用工具，比如路演 PPT。路演 PPT 的创意、创新，要求 PPT 中能用图片和图表就不要用太多文字，因为文字看起来会很枯燥。此外，PPT 最好不要超过 12 页，天使轮的项目不要超过 10 页。即便进入 A 轮融资路演，涉及数据模型和场景，最多也不要超过 15 页，因此 PPT 的设计要不断提高加工和凝练水平。

增长策略：亮出通向未来的增长策略路线图

路演设计注重亮出通向未来的增长策略路线图，这是项目方价值理念的呈现。真正的路演是有逻辑的价值体验！逻辑就是顺序，顺序就是事实，设计路演时就要考虑到告诉别人你做这件事的顺序及未来的发展前景。在这里，让我们通过几个案例来看看路演活动中应该如何精心描述通向未来的路线图，以便从中摸索出路演设计中如何展示增长策略的新思路。

案例一：

2012 年 11 月 21 日，这是欢聚时代拟定登陆纳斯达克挂牌交易的日子，在这之前，欢聚时代在 IPO 路演中展示了它的未来扩张路径。在 IPO 路演中，欢聚时代展示的未来扩张路径包括：在线娱乐、技术、开放平台；更多垂直频道、移动端。

欢聚时代计划继续扩大在线娱乐市场。YY 令用户足不出户便能在网上实现 K 歌交流或者参与现场演出。借助 YY 语音，YY 语音支持并组织了许多大型线上音乐活动，比如粉丝线上集会、歌手见面会，以及安排不同 YY 语音频道的歌手一起进行演出或比赛。YY 计划将继续举办一些大型线上活动去扩大在线娱乐这个市场，包括直播音乐秀、游戏直播等。

欢聚时代从技术、开放平台和更多垂直频道这三方面入手，加强 YY 平台。在技术的投入上，欢聚时代计划持续进行技术投入。公司将继续加强基础设施的技术性能，提供更快捷可靠的语音视频数据传输。为了确保公司自身能继续提供同等高质量的服务，欢聚时代将购置额外的服务器和带宽，以及扩大自身的技术团队。在开放平台上，欢聚时代和更多的第三方合作，在 YY 的平台上为用户提供更多功能。在垂直频道上，欢聚时代要开设更多的垂直频道，如教育及未来计划拓展的网络会议等。

在移动端方面，欢聚时代将创新出更多不同功能的独立移动 APP＋与 PC 端相同的盈利模式。

此外，欢聚时代未来的货币化仍然依赖 YY 平台上的不同垂直频道，包括音乐、教育、游戏直播、直播秀、电话会议等。未来的收入来源主要有广告、虚拟物品、会员费、订阅费、付费观看等。

从上面不难看出，欢聚时代路演 PPT 详解未来战略重点，为人们展示了一个极具发展空间的未来图景。

案例二：

2013 年 6 月 17 日，香港环球数码创意科技有限公司（以下简称 GDC）进行了 IPO 之前的路演，路演 PPT 公布将于 2013 年 6 月 24 日上市。本次路演 PPT 主要介绍了四个方面的内容，包括公司概述、投资亮点、增长战略和财务亮点。其中的增长战略包括以下内容：一是数字影院产品。通过产品和地区渗透来提高产品的全球市场份额。路演 PPT 分析了中国地区、中南美洲地区、印度地区、东南亚地区、北美和西欧地区的增长动力，并指出现有数字影院设备的升级或重置将成为长期市场需求的关键来源。二是数字影院服务，计划在全球范围内提高和增强数字影院服务。三是私人数字影院，注重抓住私人数字影院的市场机遇。四是巨幕，决心在影院巨幕格式的市场中获得领先地位。

环球数码一直以发展民族数码内容产业和培养动画人才为己任。"为中国培养最好的数字影视动画人才！做世界上最强的中国声音"是环球数码的任务和使命。本次路演为人们亮出通向未来的增长策略路线图。

案例三：

2016 年 4 月 11 日，浙江朗迪集团股份有限公司（以下简称朗迪集团）进行了网上路演，公司董事长带领高管团队围绕行业情况、核心竞争力、发展战略等方面，与投资者进行了深入交流。在发展战略方面，他们表示公司未来要做强家用空调风叶及风机产品，做好国际知名品牌的"名配角"。

在家用空调风叶领域，朗迪集团将继续稳固贯流风叶的市场地位，逐步提高轴流风叶和离心风叶的产能，扩大市场份额；同时，公司将继续开展家用电器用塑料粒子材料的创新与研发，增加塑料粒子的生产与销售。在保证家用空调风叶市场份额的同时，在商用空调风叶、风机领域，公司与核心客户重点研发生产中央空调用金属风机，与部分核心客户完成了设计、选型、实验、测试等步骤，未来将与客户保持同步增长，快速扩大商用空调风机市场份额。

未来三年，朗迪集团将继续专注于空调风叶、风机产品，在保持家用空调风叶行业领先地位的基础上，进一步扩大市场份额，并将重点发展商用空调用大规格风机产品。公司将研发风机内使用的各类电机产品，延伸产业链，生产带电机空调风机并推动空调风叶的模块化进展，提供更为标准、优质的各类空调风机产品。公司发展始终遵循精品战略，注重产品质量，巩固和提升"朗迪"品牌的空调风叶、风机产品在国内及国际市场上的地位，成为国际知名品牌的"名配角"。

随着本次募集资金投资项目的实施，朗迪集团的产能瓶颈得以突破，可以充分发挥生产线生产能力、扩大产量，增强企业成长性，提高市场占有率，提升了公司盈利能力。

管理团队：描述团队所向披靡的战斗力

向投资者介绍自己如何管理团队，是路演过程中必不可少的一项内容。为此，路演设计必须要注重描述团队所向披靡的战斗力，以赢得投资者的青睐。

WE＋是由星爵互动打造，致力于移动互联网时代新媒体营销的平台，是H5互动展示应用平台中的领航者。免费、简单、强大、酷炫、易传播五大理念精准定位WE＋新媒体营销的航向，给新媒体用户带来极致体验。

WE＋坚信，如果你坚持了自己的梦想，全世界都会为你让路。正是这样的信念，支撑了WE＋一路发展壮大：2014年8月，星爵战舰起航！2014年10月，WE＋1.0版本公测，宇宙最炫酷的H5互动展示应用平台初露锋芒。专属定制版H5《匆匆那年》用户上传照片超过1万张。2015年1月，WE＋专属定制版H5《我是歌手3》传播量超过500万。2015年6月，WE＋1.5版本发布，精彩由此开启。专属定制版H5《奔跑吧兄弟2》传播量超过1500万。2015年8月，WE＋平台注册用户数超过10万，传播总量超过3亿。

在路演活动中，WE＋这样介绍自己的团队——"我们的团队是一群强迫症患者，因而追求每个细节的完美。这铸就了我们的WE＋，倾注了一群追求极致的人的心血，从它诞生的这一天起，新媒体营销正在悄然因它而改变。银河有难，我们不能袖手旁观。你应该听说过我的名字。对！我就是宇宙间最帅的银河护卫队，他们叫我恐怖分子，激进分子，狂热信徒。但是，我称自己为Starlord星爵！欢呼吧，愚蠢的人类，移动新媒体变革时代来了，银河系大航海时代开启了，星爵带你冲出银河系，让新媒体传播遍及宇宙。

航向未来，纵情向前！"像这样富有战斗力的团队，哪个投资人不深受感染！

在做路演设计时，一般是将团队的信息放在最后。在设计团队介绍词时，一定要突出团队里比较有名的人或者事，比如"某某是京东的联合创始人"或者"某某是阿里巴巴的前市场总监"等，这样的表达一定会使人眼前一亮，从而帮助获得投资者的青睐。如果创业团队里没有这类人才，不要去吹嘘创业团队有多少个"博士""博士后"等，因为在路演里，投资者对于企业的技术和产品的关注度并不高。在投资者看来，一个创业团队里核心成员最好只有 2 ~ 4 名，而且这些人最好有明确的分工，分别负责技术、市场、管理等。

股权结构：明确股权结构，传递共赢精神

股权结构是路演设计必须把握的关键要领之一，要求在设计中能够体现出明确、清晰的公司股权结构，从而传递出共赢精神。

公司要想做大做强，做成百年基业，必先要有一个硬朗健康的股权架构。那么，对于企业尤其是第一次创业的人来说，设计路演活动时如何向人展示出公司明确的股权结构呢？在这里，我们从现实中存在的问题入手，来看看路演设计应该体现怎样的股权结构。

第一次创业总是感性的，天真地认为创业就是赚钱分钱，其实第一次创业的人很多时候往往不到赚钱的时候就解散了。解散的原因有很多，比如性格不能互补、能力不能互补等，但这些都是显性的原因。导致散伙的最主要原因是隐性的，即股权架构的不合理。

第一次创业的人因为经验不足，认识不到股权架构不合理的危害性，所

以不主动去了解，也不会主动制定。这会导致问题接二连三地出现，让你措手不及，等你意识到了问题的出现，那时你们的团队离解散也就不远了。

创业者必须明白，股权不仅是分红比例，而且是掌权比例，它涉及人类最敏感的两个话题：财富与权利。权利越大的人就越能控制团队的方向，包括日常生活中一些小事的决策。而财富直接关系到将来你能分多少钱，如果一个团队不把这些事说清，等于埋了一颗定时炸弹，爆炸只是时间问题。

有一位大学生创业者为建立网站曾花半年时间组建团队，并且天天翘课放弃文凭东奔西跑拉投资人。因为没钱给成员发工资，所以承诺给团队成员股权，具体多少也没说，只是信誓旦旦地对大家说只要网站上线就能拉来投资。有一天投资意向终于来了，这位创业者接到一个路演机构的电话，说有投资人愿意出 300 万元，团队当时炸开了锅。然而这却是一个死亡电话，因为团队的每个成员都开始争夺股权，最终导致该团队的解散。

这位创业者的经历给那些第一次创业的人敲响了警钟。下面总结出几点作为参考：

第一，合伙人之所以是合伙人，是因为合伙人永远把自身利益放在第一位，其次才是你们之间的感情。合伙人之间的感情有多脆弱？它可以让两个亲兄弟拔刀相向，这在现实中也是多有发生的事。所以，合伙时不要把心思放在经营你们之间的情感上，你只要让他看到他能获得哪些利益就行了。需要注意的是不是口头承诺未来的利益分配，而应该用白纸黑字写出来，然后按手印。

第二，合伙之前必须先小人后君子，约法三章，按契约办事，也就是按合伙人制度办事。但在这个创业风起云涌的时代，比如几个大学生做个网站，他们不可能一下先开个公司出来，往往是先运营，开公司是后来的事了，那就不涉及正规的流程。合伙之前签合伙人协议书涉及谁负责哪块、占股比例、期权池、稀释方法、退出机制等，一定要分条明细，签字画押。不要觉得不好意思，把团队气氛弄得挺严肃，等真到了不得不解散的那天你就知道之前的这些做法是很有必要的。另外，在制定合伙人制度时相对比较灵活，可以最优化地考虑到每个人的想法。

第三，同股是否同权的问题。同股一定同权吗？不一定，要看你怎么设置，只要合伙人同意，投资人同意，只要他们肯在协议书上签字，你怎么设置都可以，你甚至可以只有1%的股权，但掌握公司100%的控制权。比如马云、刘强东都是玩股权架构的高手，他们虽然占股比例小，但完全控制着自己的公司。而有些公司创始人被踢出去都不知道怎么回事，这就是不同股权架构设置的后果。

第四，合伙人必须签订合同。有些第一次创业的人不知道股权架构的水有多深，当你跟他谈约法三章时他不仅不对你感恩，反而认为你这个人势利，人品有问题等。但是他们毕竟是第一次，如果合伙人有吸引你的地方，多花些时间解释你这么做的理由也是值得的。但你一定要警戒那种心机过重的合伙人，他们要么就是过河拆桥型，比如等你奉献了自己的技术或创意，他就会把你踢出去，如果你们制定了详细的合同，这样的事就不会发生。还有一种情况，就是创始人在股权里给你设陷阱，最后把你架空。

既然现实中存在这些问题，那么设计路演活动时应该体现怎样的股权结构呢？从成功合伙创业的经验来看，最灵活的股权架构是不要一次性让团队把股权瓜分完毕，一定要预留绝大部分股权池。

如果你是一个特别慷慨的创始人，可能会在一开始就给你的4个核心合伙人每人5%的股权，你自己也只要5%，你加上4个核心合伙人，一共只占了25%。另外那75%怎么分配？不妨将35%留给投资人，10%留给团队，另外30%还是你们4个合伙人的。至于4个合伙人具体怎么分，那就看每个人的表现了，原则是能者多得。如果你的路演设计能够向投资者展示这样的股权结构，就一定会增强投资者的投资信心。

财务亮点：需要说明的八项财务内容

财务亮点是路演设计中应该努力展示的内容，要通过营收增加、毛利增加、净利增加、经营杠杆、充足现金、成本优势、商业模式、扭亏为盈这八项财务内容，向投资者展示出你的财务管理能力。下面，让我们从外贸电商网站兰亭集势的 IPO 路演所展示的财务亮点，来追溯其路演设计中这方面内容是如何做的。

兰亭集势在登陆纽交所之前，曾经举办 IPO 路演。PPT 分为公司概况、投资亮点、增长策略、财务亮点、远期利润率目标、竞争力和运营更高效这七个部分。其中，财务亮点部分展示了营收高增长、高毛利、净盈利和自由现金流乐观等情况。

具体来说，兰亭集势的 IPO 路演向人们展示了以下内容：一是营收高增长，2010～2012 年净营收复合增长率 85%；2013 年第一季度同比增速 99%。二是用户及重复购买收入增长，其中，用户基数高增长，2010～2012 年用户复合增速 132%；获取成本下降；重复购买营收快速增长，2013 年占比上升至 30%。三是营收构成多元化，增加高毛利品类占比。四是运营杠杆提升，其中，NonGaaP 运营费用下降，营销费用 2012 年降至 27%；管理费用占比降至 10%；仓储费用占比降至 5%；2013 年第一季度运营费用继续下降至 25%。五是盈利及自由现金流乐观，其中，2012 年自由现金流转正；2012 年第四季度 NonGaap 净利率 2.4%，2013 年第一季度提升至 4.1%。

另外，从远期利润率目标来看，IPO 路演显示的数据是：毛利率保持在 45%；NonGaap 营销费用占比降至 20%；NonGaap 管理费用降至 6%；Non-Gaap 物流费用保持在 5%；NonGaap 运营利润率提升至 14%；NonGaap 净利率提升至 10%。

在 IPO 路演中，兰亭集势 CEO 郭去疾一直强调其 2010～2012 年净营收复合增长率为 85%；而 2013 年第一季度同比增速更是达到 99%。当时郭去疾对公司 2013 年整体营收增长预期是 64%。

翻阅兰亭集势上市后的 2014 年的财务报表，大体上可以得出这样的结论：这家公司营收增速高、毛利高，盈利、现金流情况乐观，管理层还给出未来实现 NonGaap 净利率 10% 的预期。这个结论可以说明，这家公司在上市前的 IPO 路演中所展示的财务亮点是真正的"亮点"。其实，无论兰亭集势上市后的财务状况如何，其 IPO 路演所展示的财务亮点，都给我们做路演设计提供了一个可以学习借鉴的实例。

第五章 路演设计之第五步：优术

"术"是能力，能力是知识、方法、策略和经验的集合体；"术"也是可解决实际问题的流程和策略，是可以提高效果和效率的技巧。"优术"即不断提升解决问题的方法、技术、创新产品等，探索和积累实训中实用的各种策略，积淀适合于自己的"术"的经验，持续更新所需要的信息技术、知识、技能和综合能力及素质。作为路演设计的第五步，优术这一环节要求设计者具体做到以下几点：竞争分析，要全面分析市场，明确竞争优势；营销策略，要说明想做的、能做的和可做的；盈利能力，要通过财务指标来评价项目；融资方案，旨在玩转资本、玩转融资。

竞争分析：全面分析市场，明确竞争优势

路演中必须有市场竞争情况分析，这样才有利于投资者全面、准确地把握投资项目。因此在设计路演活动时，要全面分析市场，明确竞争优势。一个项目发起者，如果市场的竞争状况都不清楚，没有对市场进行深入的研究，则不是一个合格的项目发起者。先来看下面这个案例：

"诺亚方舟"是云南某教育机构电子产品的大理地区代理商，近年来销

售业绩一直处于云南同类产品市场的前列，2014 年的销售也取得了比较好的业绩，在校园推广、节假日促销，在各地代理商中也是开展得比较彻底的。进入 2015 年春季小旺季以来，"诺亚方舟"在大理地区整个市场的实销一直不是很好，所占比例与上年同期相比有所下降。从各品牌区域市场操作来看，"好记星"更换代理、"步步高"新品上市迟缓、"文曲星"气势不济，都没有进行大规模促销，整个市场处于低迷状态，预期的市场购买热潮迟迟没有到来。

考虑到该区域市场现状，"诺亚方舟"前期所做推广工作又比较多，再加上高空广告所带来的品牌效应，也必须要有相应的承接。于是，在公司吕总、王经理的指导下，公司设计了一次大型路演。从 2015 年 12 月开始，他们在大理市区人流量最大的苏宁电器举行了一场大型路演，造势以深入拉动市场。他们邀请该市一支经常在各卖场进行促销推广的专业表演队，以歌舞、走秀、有奖问答、互动游戏、现场展销等形式多角度对公司、产品进行展示。

由于"诺亚方舟"做了全面的分析市场，明确了自己的竞争优势，这次路演活动最终取得了显著的效果。

路演中的竞争分析，包括项目本身的竞争情况分析和竞争对手分析。设计路演时要把握好这两个方面。

项目本身的竞争情况分析，要有同类项目的竞争情况，其他类项目的竞争情况，已有竞争情况、未来竞争情况分析。有些项目初看很好、很有创意、很有前途，但是深入去看，才发现已经有很多的同类项目走在了前头，有的项目甚至是个舶来品、抄袭品。在这里，我们不妨从投资人的视角来看看他们是怎么分析一个项目的，从某种意义上说，这个视角或许更能帮助我们在设计路演时把握好项目的可行性。

投资人分析一个项目，一般都有以下几个维度：一是团队强弱。这个强弱是具体的，是对于项目本身所处的方向以及所用的模式来讲的，包括创始人的经历、专业度、有没有创过业或是足够的互联网经验，团队之间互相的搭配合不合理等都是考量因素。二是市场大小。这个大小要分三方面，第一是存量大小，也就是现有市场目前有多大，是100亿元还是1000亿元；第二是增量大小，延展性如何，随着发展变化未来会多大；第三是由小变大的速度以及方式是怎样的。行内人常讲的"风口"，说白了就是市场本身很大，并且是高速增长的巨大增量市场，创业项目选择一个大市场，自然更有想象空间。三是频率高低。用户使用频率的高和低也是一个参考维度，一般来讲高频比低频更有优势，从高频需求入手可以带动低频需求，比如滴滴打车之前做高频、大众化的出租车市场，现在渗透到相对低频、小众化的租车市场就很容易。因为高频产品无论是用户黏性、使用习惯、数据积累都会更好。当然高频低频也是要看什么产品，买房子不可能是一个高频的需求，这类低频、高单价的产品就不存在这样的论断意义。四是模式轻重。模式轻重是指一个项目所采取的模式需要投入资源的多少，O2O就要比纯互联网重，再如京东和淘宝，大的意义上都是电子商务，京东有仓储、物流所以重，而淘宝一开始只做平台所以轻。究竟哪种模式好，要落实到具体的产品，普遍来讲重的项目投入多、复制慢，轻的项目投入少、复制快。但这并不意味着轻就更好，还要看怎样能给到用户一个合适的用户体验，并且轻与重是一个动态过程，有的产品是先轻后重，因此，具体程度的拿捏就要看创业者的战略是怎样的。

以上这四个辩证维度是分析项目很好的参考，但并不意味着只看这四个维度就能全面地分析一个项目，还要看商业模式是不是站得住，竞争环境是怎样的，项目的核心壁垒是什么，怎么防止巨头介入，等等。所以专业的投资人分析一个项目，远不是那么简单，而是有一个采集、研究、调查、访谈、总结，循环往复、不断颠覆认知的过程。看一个项目就好像是去预测未来，难度其实很大。而对于创造未来的创业者来说，学会像投资人一样深入地思考、分析，跳出项目看项目，也是路演设计的一项必备技能。

分析竞争对手也是路演中非常重要的一环。许多创业者在这部分都没有充分的准备和翔实的数据来说明他们和竞争对手的不同。一个最好的来展示你对于竞争对手优势的形式就是表格：把不同的比较方面放在首行，把你和竞争对手放在最左列，然后一个方面一个方面来比较，一个一个来说明你的优势。

如果你跟投资者说你没有任何竞争对手，投资者肯定会觉得你要么不切实际，要么太幼稚。你当然是有竞争对手的，不管这种竞争是直接的还是间接的，又或许有其他人能够提供替代你的解决方案。另外，你对竞争对手的分析，也能表明你对市场是有理解的。

营销策略：讲解自己"该做的"事情

什么是营销策略？简单讲就是你想做的、能做的和可做的。这是三个重叠的圆，路演设计中一定要画好这三个圆。"想做的"就是你的激情梦想。现实中，不少路演项目方只根据"想做的"就设定了自己的战略，这显然过于草率。"能做的"就是项目方的先天基因，先天基因不同导致擅长的地方不同，发展方向当然也有所区别。"可做的"就是行业的发展趋势。如果说前两个圆是从项目方自身出发，第三个圆就是从项目的外部出发，考虑行业的走向和成长空间。这就是说，除了自己"想做的""能做的"，还要看未来环境允许不允许，可做不可做。营销策略要有前瞻性，这和人们炒股是一个道理，当"傻子都赚钱"时你进入，就会发现"自己成了傻子"。

营销过程中的许多做法其结果难以预料，可能万人空巷，也可能无人问津。如果没有实实在在、接地气的营销方式和方法，投资人只能认为你的营销是一种较为"虚"的存在，不确定性因素太多，风险太大。那么，项目方如何向投资人讲解自己在营销过程中"该做的"的事情呢？先来看下面这个案例：

2004 年雅典奥运圣火 6 月 8 日抵达北京。作为雅典奥运火炬传递的主赞助商的可口可乐（中国）公司（以下简称可口可乐）提前数月已经启动了"雅典 2004 奥运火炬传递——中国火炬手/护跑手选拔"活动，在中国的 20 多个城市里选拔火炬接力选手和护跑选手。很多普通的消费者得以通过可口可乐和奥运零距离接近。

2004 年 6 月 9 日，奥运圣火在北京城传递，准备充分、声势浩大的可口可乐成功地在北京城掀起了一场红色旋风。可口可乐在 6 月 5 日推出的 240 万罐奥运火炬接力纪念罐在很多地方销售一空。

2004 年 8 月 4 日下午，可口可乐在北京组织了一场以"为奥运喝彩，为中国加油"为主题的大型发布会。即将出征奥运会的刘翔、滕海滨、马琳三位体育明星，成为雅典奥运会期间可口可乐新的形象代言人。以他们为主角拍摄的可口可乐新的广告片在奥运会期间反复播放，同时，分别以这三位体育明星形象设计的"要爽由自己"可口可乐奥运包装，也开始在全国市场限量销售。

奥运会过后可口可乐还通过央视展开了"后奥运营销"，在 2004 年 8 月 31 日"奥运特别节目"和 9 月 4 日"庆祝奥运健儿凯旋归来"两个特别节目中迅速决策，签订贴片广告合同，抓住了难得的品牌传播机会。

借着奥运的热度，可口可乐 2004 年还精心设计了"要爽由自己——2004

可口可乐奥运中国行"大型巡回路演活动,并在全国范围内举行。与此同时,可口可乐在奥运期间还将其麾下的雪碧、芬达、醒目、酷儿作为促销产品,以100%中奖率回报消费者。

不难看出,可口可乐在营销过程中做好了自己"该做的"事情,其营销方式和方法是实实在在的,是接地气的,因而取得了很好的效果。

向投资人讲解自己在营销中"该做的"的事情,需要项目方事先在路演设计时做好通盘考虑。下面提出几个思考维度供参考。

第一,正确理解战略和战术。战略与战术的最大区别就是前者可以形成巨大合力。如果投资人看到你能在同一时间、同一空间上,聚集你的研发、生产、物流、营销等多方力量,打了一场轰轰烈烈的"歼灭战",那么,投资人不仅会为你叫好,也会考虑为你投资。反之,如果投资人发现你的营销策略是发散的,形不成整合力,比如在架构上,产品、价格、渠道、促销,4P无内在联系,需要做好的,都没做好;在手段上,公关、广告、促销、终端、渠道,各有一套思路,关联性不够高;在区域上,各大区之间缺少联动、各自为政,缺乏经验交流、队伍协同能力差,那么,投资人不可能为你叫好,更不会考虑为你投资。

第二,充分的调查。要向投资人讲解你对战略调研部门的重视,并且注重调研方法,比如你和你的团队在论证调研结果时,善于通过抛砖引玉的方式来引发大家的看法等。

第三,预测你的营销策略可能取得的最好结果。营销策略是谈未来的事,既然是预测,那么从理论上讲,任何一种策略都有成功的可能。策略比的不是可能,而是最大可能。由于未来的不确定性,策略不能保证100%的成功,但它一定是追求最大概率事件的发生。不能因为小概率事件的存在就不能做这个预测。当然,这方面一定要有理有据,有路径、有方法,切忌理想化色彩，否则投资人会认为你在忽悠他。

盈利能力：通过财务指标来评价项目

几乎所有的投资人都对项目方的盈利能力感兴趣，常常问到"怎么盈利"的问题，因此在设计路演环节时在这方面要有充分的内容展现。下面来看一个上市公司在路演中对自己盈利能力的展现。

2014 年 1 月 17 日，宏良股份新股网上路演在全景网成功举行。公司主要高管及保荐机构代表就公司产品经营、获利能力、未来发展等问题，与投资者进行了充分的沟通交流。据全景网初步统计，在短短三个小时的活动中，公司共回复投资者提问逾 240 个。在获利能力方面，制革行业的市场竞争激烈，有投资者担心公司利润下降。宏良股份表示，公司的市场销售情况一直保持良好，原材料价格每年在涨，公司的销售价格也逐步在涨，因此利润没有降低。此外，公司目前财务结构稳定，资产质量状况良好，公司盈利能力较强，主营业务收入保持持续增长，利润增长较快。

通过宏良股份对获利能力的阐述，投资者增强了对宏良股份投资的信心。宏良股份本次发行股份总数为 3710 万股，其中发行新股数量为 1840 万股，老股转让 1870 万股，发行价格确定为 16.18 元/股，对应摊薄市盈率为 15.25 倍，并于 2014 年 1 月 20 日实施网上、网下申购。其本次发行募集资金将投资于新增年加工 45 万标张牛皮革扩建项目和研发中心建设项目，拟投入募集资金 2.65 亿元。

事实上，投资人会根据项目来看你的盈利能力。如果是科技攻关类项目，对盈利能力要求不是很高；如果是产业化项目，重点要看盈利能力。无论什么项目，都有分析的具体指标，主要包括内部收益率、财务净现值、净现值率、投资回收期、投资利润率、投资利税率和资本金利润率这七个财务评价指标。下面分别介绍这七个指标的含义。

内部收益率，是反映项目实际收益率的一个动态指标，一般情况下，内部收益率大于等于基准收益率时，项目可行。内部收益率的计算过程是解一元 N 次方程的过程，只有常规现金流量才能保证方程式有唯一解。这个指标考虑了资金的时间价值以及项目在整个计算期内的经济状况，不仅能反映投资过程的收益程度，而且 FIRR 的大小不受外部参数影响，完全取决于项目投资过程净现金流量系列的情况。避免了像财务净现值之类的指标那样需事先确定基准收益率这个难题，而只需要知道基准收益率的大致范围即可。

财务净现值主要反映技术方案在计算期内盈利能力的动态评价指标，它是指项目按行业的基准收益率或设定的目标收益率，将项目计算期内各年的财务净现金流量折算到开发活动起始点的现值之和，它是房地产开发项目财务评价中的一个重要经济指标。这个指标考虑了资金的时间价值，并全面考虑了整个计算期内的现金流量的时间分布的状况；经济意义明确直观，能够直接以货币额表示项目的盈利水平；判断直观。

净现值率，又称净现值比、净现值指数，是指项目净现值与原始投资现值的比率，又称"净现值总额"。净现值率是一个动态投资收益指标，用于衡量不同投资方案获利能力的大小，说明某项目单位投资现值所能实现的净现值大小。净现值率小，单位投资的收益就低，净现值率大，单位投资的收益就高。这个指标从动态角度反映了项目投资的资金投入与净产出之间的关系。

投资回收期，也称返本年限，是指用项目净收益抵偿项目全部投资所需时间，它是项目在财务投资回收能力方面的主要评价指标。显然，资本周转速度越快，回收期越短，风险越小，盈利越多。这对于那些技术上更新迅速的项目或资金相当短缺的项目或未来的情况很难预测而投资者又特别关心资金补偿的项目进行分析是特别有用的。

投资利润率，是指项目达到设计能力后的一个正常年份的年利润总额与项目总投资的比率，它是考察项目单位投资盈利能力的静态指标。将这个指标计算出的投资利润率与行业的标准投资利润率或行业的平均投资利润率进行比较，若大于（或等于）标准投资利润率或平均投资利润率，则认为项目是可以考虑接受的，否则不可行。

投资利税率，是项目达到设计生产能力后的一个正常生产年份的利税总额或项目生产期内平均利税总额与项目总投资的比率。投资利税率高于或等于行业基准投资利税率时，证明项目可以采纳。投资利税率和投资利润率不同，它在效益中多考虑税金。这是因为在财务效益分析中，为了从国家财政收入的角度衡量项目为国家所创造的积累，特别是一些税大利小的企业，用投资利润率衡量往往不够准确，用投资利税率则能较合理地反映项目的财务效益。在市场经济条件下，使用投资利税率指标，更具有现实意义。

资本金利润率，是在项目达产后的正常生产年份的利润总额或项目生产期内平均利润总额与资本金的比率，它反映项目资本金的盈利能力。如果资本金利润率大幅度超过银行利息率，说明企业的经济效益很好；如果资本金利润率与银行利息率差不多，说明这项投入风险较大；如果资本金利润率低于银行利息率，投资者应采取措施，避免可能带来的损失。企业资本金是所有者投入的主权资金，资本金利润率的高低直接关系到投资者的权益，是投资者最关心的问题。

融资方案：玩转资本，玩转融资

项目方融资方案是路演中的重中之重，一个好的融资方案，会使路演活动收到理想的预期效果。为此，项目方在路演设计环节要做好筹划，形成方案，在路演中为投资者进行必要的讲解并回答一些问题。

融资方案，也就是通常所说的融资设计，它的内容十分广泛，如融资需求、出让多少股权、未来的计划如何等。总的来说，项目方在设计融资方案时需要把握好以下几点：

第一，在设计融资方案之前，要准确评估自己的有形和无形资产的价值，千万不要妄自菲薄，低估了自己的价值。网易公司经过多轮融资和上市，目前丁磊还拥有超过 60% 的股份，这说明丁磊在每轮融资的过程中用了少量的股份就达到了自己的目标，是我们学习的榜样。

第二，如果采用出让股权的方式进行融资，则必须做好投资人的选择。只有同自己经营理念相近，其业务或能力能够为投资项目提供渠道或指导的投资才能有效支撑企业的成长。关键问题是，项目方很难找到融资对象，找到一个就像发现了救命稻草一样，根本就没有讨价还价的余地，这样的融资肯定会给后续工作带来很多麻烦。出现这种问题的主要原因是信息不对称，因此项目方一定要加强对融资市场的信息收集与整理，在掌握大量的情报资料的前提下做出最优的选择。

第三，注重投资者（股东）的投资保值增值。项目方和投资者是一个事物的两个方面，大家只有通过项目这个载体才能达到双赢的目标。"烧投资者的钱圆自己的梦"的问题说到底是项目方的信用问题，怀抱这种思想的人不会成为一个成功的人。能为股东创造价值的人才能得到更多的融资机会和成长机会。因此项目方不仅要加强自身的技术能力，还需要具备企业家的道德风范。

金钱不是万能，没有金钱万万不能，项目方只有解决好了融资问题，才能将自己的技术和创意转化为盈利的工具，才能在激烈的市场竞争中立于不败之地；只有拓宽融资渠道，对投资人负责，才能使自己的企业茁壮成长。

第三模块

引爆听众的路演呈现

设计＋呈现＝路演成功。路演呈现是路演设计的最终展现，科学合理的路演设计加上精彩的呈现，才算一个成功的路演。事实上，一个精彩的路演呈现必须完成以下六个步骤：做好准备、文字修辞、语音语调、肢体表达、应对突发、反思改进。只有按照这六个步骤来操作，并且把握好过程中每一个环节的要点，才能使路演活动真正收到引爆听众的效果。

第一章　路演呈现之第一步：做好准备

路演呈现效果如何，取决于路演准备工作做得是否扎实。路演前的准备工作主要包括这样几个方面的内容：调整路演心态，克服恐惧心理；确定路演内容，力求有说服力；多做模拟预演，判断是否调整；确定彩排的物料、场地和费用；路演 PPT 设计技巧和宣传片制作。这几个方面的准备工作做好了，路演呈现才能有一个完美的开端。

调整路演心态，克服恐惧心理

人类最大的恐惧来自自己的内心，正如富兰克林·罗斯福所说："我们唯一感到恐惧的就是恐惧本身。"人类历史上的杰出人物如牛顿、爱因斯坦都曾在证券和期货上遭受挫败。牛顿在事后说："我可以运算天体运行的轨道，却无法计算人类的疯狂。"由此可见，人类要战胜自己的弱点是多么不容易。相反，那些能够理智看待人性缺陷并加以反向思考的投资者，就能够战胜自己，顺应市场发展并获得非凡的成就。"股神"巴菲特说："我们也会有贪婪，只不过在别人贪婪的时候我们恐惧，在别人恐惧的时候我们贪婪。"

其实，恐惧也是路演的大敌。路演是一种当众讲话的形式，这种形式很容易使人产生恐惧心理，所以每个人都是一样，在"当众讲话"的时候恐惧、怯场。那么，究竟如何克服路演过程中的恐惧心理呢？

第六届中国电子商务十大牛商评选活动初赛结束后，接下来是各赛区牛商选手们的路演阶段，很多人从来没有过站在舞台上面对台下一大片陌生的人说话的经历，他们很紧张、很害怕，一时不知如何是好。新东方教育集团董事长俞敏洪专题演讲"摆脱恐惧"，教你一步步走上舞台。以下文字来自俞敏洪《摆脱恐惧》的讲话内容。

当有人站在这么一个舞台上，我们很多同学都会美慕。也会想，也许我去讲，会比他讲得更好。但是不管站在台上的同学是面对失败还是最后的成功，他已经站在这个舞台上了。而你，还只是一个旁观者，这里面的核心元素，不是你能不能演讲，不是你有没有演讲才能，而是你敢不敢站到这个舞台上来。我们一生有多少事情是因为我们不敢所以没有去做的。

曾经有这么一个男孩，在大学整整四年没有谈过一次恋爱，没有参加过一次学生会班级的干部竞选活动。这个男孩是谁呢？他就是我。

在大学的时候，难道我不想谈恋爱吗？那为什么没有呢？因为我首先就把自己看扁了。我在想，如果我要去追一个女生，这个女生可能会说，你这头猪，居然敢追我，真是癞蛤蟆想吃天鹅肉。要真出现这种情况，我除了上吊和挖个地洞跳进去，我还能干什么呢？所以这种害怕阻挡了我所有本来应该在大学发生的各种感情上的美好。

其实现在想来，这是一件多么可笑的事情，你怎么知道就没有喜欢猪的女生呢？就算你被女生拒绝了，那又怎么样呢？这个世界会因为这件事情就改变了吗？那种把自己看得太高的人我们说他狂妄，但是一个自卑的人，一定比一个狂妄的人还要更加糟糕。因为狂妄的人也许还能抓到他生活中本来不属于他的机会，但是自卑的人永远会失去本来就属于他的机会。因为自卑，所以你就会害怕，你害怕失败，你害怕别人的眼光，你会觉得周围的人全是抱着讽刺打击侮辱你的眼神在看你，因此你不敢去做。所以你用一个本来不应该贬低自己的元素贬低自己，使你失去了勇气，这个世界上的所有的门，都被关上了。

当我从北大辞职出来以后，作为一个在北大快要成为教授的老师，马上换成穿着破军大衣，拎着糨糊桶，专门到北大里面去贴小广告的人，我刚开始内心充满了恐惧，我想这可都是我的学生啊，果不其然学生就过来了。"哎俞老师，你在这贴广告啊。"我说："是，我从北大出去自己办个培训班，自己贴广告。"学生说："俞老师别着急，我来帮你贴。"我突然发现，原来学生并没有用一种不屑的眼神看我，学生只是说，俞老师我来帮你贴，而且说，我不光帮你贴，我还在这看着，不让别人给它盖上。逐渐我就意识到了，这个世界上，只有你克服了恐惧，不在乎别人的眼光，你才能成长。也正是有了这样慢慢不断增加的勇气，我有了自己的事业，有了自己的生活，有了自己的未来。

回过头来再想一想，最近这几天正在全世界非常火爆的我的朋友之一马云，他就比我伟大很多。马云跟我有很多相似之处，当然不是长相上相似，大家都知道，这个长相上还是有差距的，他长得比较有特色。

我们俩都高考考了三年，我考进了北大的本科，他考进了杭州师范学院的专科，大家马上发现，从这个意义上来说，无论如何，我应该显得比他更加优秀。但是一个人的优秀并不是因为你考上了北大就优秀了，并不是因为你上了哈佛就优秀了，也并不会因为你长相更好看而优秀。一个人真正优秀的特质来自内心想要变得更加优秀的那种强烈的渴望，和对生命追求的那种火热的激情。马云身上这两条全部存在。

如果说在我们那个时候，马云能成功，李彦宏能成功，马化腾能成功，俞敏洪能成功，我们这些人都是来自普通家庭，今天的你拥有的资源和信息比我们那个时候要更加丰富一百倍，你没有理由不成功。

当我们要有勇气跨出第一步的时候，我们首先要克服内心的恐惧，因为这个世界上，你往前走的脚步只有你自己能够听见。

所以，我希望同学们能够认真地想一下：我内心现在拥有什么样的恐惧，我内心现在拥有什么样的害怕，我是不是太在意别人的眼光，因为这些东西，我的生命质量是不是受到影响，因为这些东西，我不敢迈出我生命的第一步，以至于我生命之路再也走不远。如果是这样的话，请同学们勇敢地对你们的恐惧和别人的眼神说一声：No！Because I am myself（因为我是我自己）。

俞敏洪的演讲对每一个恐惧路演的人来说都应该有所启发。在演讲中，俞敏洪提到自己大学四年无恋爱生涯是因为"屌丝"心理的自卑，从这里告诉大家要勇于尝试，因为自卑的人比自傲的人更糟糕。事实上，我们每个人都是从关注自我开始的，除此之外还有关注情境的部分，这个时候容易过分沉浸在环境中而忽略别人。所以最好的成长是你开始关注听众需要什么，再去表达什么。这才是路演中的制胜法宝。从"术"的层面上说，克服恐惧最核心的技术是放松。放松其实很简单，就是深呼吸，一呼一吸之间就会得到放松。有研究显示深呼吸不止可以缓解疼痛，还可以让我们的自主生物系统能够得到平复。

确定路演内容，力求有说服力

路演的内容是路演的核心部分，路演内容不仅要根据自己的实际情况加以设定，还要力求使内容具有说服力。

一般来说，路演过程中的讲解应该包括这样的内容：一是公司业务，包括公司名称、成立时间、注册地区、注册资本、主要股东、股份比例、主营业务、经营现状以及发展前景；二是管理团队与股权结构，包括团队成员的姓名、性别、年龄、籍贯、学历、毕业院校、行业从业年限及主要经历和经营业绩等，还包括你的公司的股权结构情况；三是商业模式与竞争力，商业模式包括经营模式和盈利模式，竞争力包括行业模式的创新点以及行业壁垒；四是行业与市场，包括行业现状以及发展前景，市场规模以及增长趋势，行业竞争对手，公司的行业地位以及竞争优势；五是财务现状与预测，需要讲解者用数据展示公司现在的收入、毛利、净利以及增长率，以及预测未来的收入、利润和回报率；六是经营风险与对策，预测项目经营中有可能出现的经营风险以及解决对策。

设定路演内容只是完成了路演核心部分的前期工作，把路演内容展现给投资者并产生说服力，才是设定路演内容的意义所在。那么，怎样才能使路演内容具有说服力呢？在这里，我们不妨来看一位路演者描述自己的路演经历，看看他是如何让自己的路演演讲更加出众和更加具有说服力的。相信读了这个故事，一定能从中有所收获的！

记得那是在2013年的秋天，我兴致勃勃地带着自己准备已久的项目PPT去参加北京某创意公司举办的路演活动，那也是我人生中第一次的路演活动，所以内心既充满着喜悦也感觉无比的忐忑。

不过这次路演机会总之是很珍贵的，为了这次路演我和团队伙伴准备了足足一周时间，期间有过争论，有过分歧，但是最终还是统一了观点。经过一周的奋战，总算做好了自认为完美无缺的PPT。

这次PPT的主要内容有项目的简介、项目的细述、市场分析、竞品分析、项目的优势。一共就做了这五方面的内容分析，自认为准备得很充分，内容也是比较新颖和充实的，我们团队对此次路演充满信心！

路演开始那天，我穿得特别正式，希望通过自己的衣着给在座的评委和投资人留下一个好的影响。

刚开始我简单地致辞，因为路演时间的限制，没有过多拘泥于这些措辞，也就直接切入主题。经过台上不到十分钟的 PPT 演讲，还是赢得了掌声（其实每一位演讲者都可以得到这种鼓励的掌声），然后在座的几位评委纷纷给我点评。其中有说内容准备不充分的，有说演讲有点不放松的，也有鼓励的，但是最让我刻骨铭心的是一位评委的点评（这位评委是一位互联网有名气的投资人，名字不便道出，现在我们也是特别好的朋友，更大程度上他是我的老师），他只说了一句话："无论我们做的是什么项目，目的只有一个，那就是利益，如何通过我们的产品获得用户的认可，立足于市场，以及尽快得到市场回报，这才是最关键的。"由此看来，我们在项目 PPT 中必须花很多心思去研究市场效益方面，只有能够赚钱的项目才是好项目，而且投资人关心的也是这点，其他的东西都是天花乱坠的花哨东西，没有直接的视觉冲击感！

听完这位评委的点评，我也扪心自问：我的产品投入市场，到底要投资多少？每一个阶段的市场拓展程度是多少？什么时候可以盈利？这些答案在我内心很模糊。通过这次路演的启迪，活动结束之后我们便在这方面做了更多的调研和分析工作，这才使我们的产品得到了第一位投资人的认可，也拿到了第一份启动资金！

第一次路演一年之后，我又做了第二次路演。因为上次的路演让我大受启发，所以在这一次路演中，更是花尽心思去写 PPT，这次路演对我来说已不像第一次路演那样会紧张会忐忑，这次路演我显得格外平静，也正是这份坦然让我遇到了现在的投资人！

第二次路演不像第一次那样严肃，我穿的也很随意，我记得这次演讲的开头致辞是这样的："每一个伟大的作品背后，都有一个故事，这个故事也是让这个作品公之于世的唯一理由！"

当我说完这句话的时候，下面一片掌声。因为在座的很多人都是和我一样有过相同的经历，或者都是和我一样正在经历着这份艰辛历程，所以大家都在为自己鼓掌！

这次 PPT 的内容我将主要文字放在市场分析、竞争优势以及财务预算方面，而且在内容中加入了很多数据内容，也加入了很多市场分析走势图，因为我要用事实说话，而不是用自己个性化的东西去洗脑别人。我相信我不是马云，没有他那样的人格魅力，所以我只能通过数据去说服每一个人。记得最后我说了这样一句话："即使我的这款产品不被世人认可，但是我也不会人云亦云地去做别人在做的东西，一味地不理智地卷入竞争红海，然后去瓜分抢夺固定的市场份额，导致两败俱伤抑或是大伤元气。所以，我要做一款去挖掘市场资源的产品，即便是现在不被世人看好，我也会坚持做到！"

写到这，我就不说第三次、第四次的路演了，感觉这辈子都在路演。即使现在我已经是许多人都知道的投资人，但是我还在路演！

多做模拟预演，判断是否调整

路演中的演讲需要反复练习才能达到效果，准备完路演 PPT 和商业计划书之后则可以安排演讲练习，或者叫预路演，以便于对演讲过程不断改进。在正式路演前，根据活动规则进行多次模拟预演，就可以在路演中更好地判断自己的内容和说明时间是否需要调整。先来看下面两个案例。

案例一：

武汉杨园教育科技创业园是以高新科技产业为主导，电子商务、新媒体产业为特色的，集企业孵化和产业发展功能为一体的新型科技园区。在距离"第二届创业·大武汉"活动还剩不到 10 天的日子里，经过前期对各创客所报项目的层层筛选，选拔了一批具备发展潜力、成长空间大、团队架构完善、盈利模式可行等综合评价较高的创业团队，并从中筛选出第一批选手，于2016 年 5 月上旬进行项目路演的演练。

活动开始前，主持人对本次活动的基本情况作了相关介绍，选手针对细节项也积极发问。活动采取抽签排序的方式上台，抽到"6"和"8"的两个创客高兴异常，感觉能够带来好运！

参加路演项目涵盖了 VR 技术、跨境电商、互联网平台、生物医疗、新能源、生态农业、制造科技等各个领域。在演练中，流程严格按照实际路演的模式，并对每位选手限定时间在 3 分钟。想要在 3 分钟内把你的整个项目的趋势分析、核心优势、发展前景等讲解完毕要求是非常高的，同时还要考量你的表达能力以及条理性。所以，选手们看起来表面平静，其实大家还是有些紧张。

这几个团队的项目涵盖了工业制造、生物医疗和互联网平台几个领域。在路演过程中，演讲者们的项目展示、语言表达及 PPT 的制作都很有功底。后沟通得知，原来这几个人都曾参加过不少类似活动，有的是在"青桐计划"中拿过名次，有的是已经获得过天使轮。可谓是身经百战，所以对舞台已经不怵了。

有一位演练选手，他的装扮像个技术宅男，是其公司里负责技术的工程师。该公司的项目主要是从事生态农业养殖，通过技术改良养殖方式，提高养殖产量，从而为养殖户降低风险成本。平心而论，项目绝对是个优质项目，而且这种项目的成长空间相当大。但这位演练选手可能一直专注实验室，较少接触这种公共场合，更何况现场还有那么多漂亮妹子。于是就有些紧张，在项目的演示上就出现了一些卡壳。好在这只是项目预演，同时还专门请来了武昌区科产局的吴博士来为创客做路演指导和分析。

吴博士为创客的路演做了三个方面的指导：第一，PPT的画面展示应该字少、图多、简洁、醒目。用自己的表述结合PPT来做介绍，这样也更能体现自己本身对这个项目的熟悉程度。第二，在项目的展示中，对于自身的核心优势和发展前景着重介绍。关于项目的技术性方面简单带过。毕竟投资人并非全是专业出身，如果专业性阐述过多，一方面难懂，另一方面也占用时间。第三，如果自身的项目此前已获得过融资一定要阐述进来，这一方面体现项目自身的可行性，另一方面，更能增加投资机构的信赖。

本次预演组织者武汉杨园教育科技创业园在预演结束后这样总结：本次项目预演对即将可能上台路演的团队来说收获还是非常大的，真正地模拟一次才发现自身的不足之处，从而通过不断完善来增加自身优势和竞争力！

由于正式路演前进行了充分演练，在5月31日的正式路演中这几个团队基本上都取得了满意的效果。比如有不少机构代表签署了相关倡议书，决心加强合作，共同为大学生创新创业提供优质服务，努力降低大学生创业的试错成本。

案例二：

由成都市人力资源和社会保障局主办的菁蓉杯·2016成都就业创业大赛决赛将于2016年10月22日开启，作为菁蓉杯·2016年成都就业创业大赛的重头戏之一，决赛赛前专项辅导行动也如火如荼地展开。2016年10月8~18

日，本届创业大赛总决赛的评委导师们，充分发扬大赛务实精神，带领各自辅导的项目，进行了赛前培训及模拟路演。12 位导师评委分成 3 组导师团，带领各自的 4 支决赛团队分别进行了模拟路演培训。

3 分钟，创业团队可以说些什么？评委们对其暴露的每一个问题都提出了改正。在导师组的模拟路演中，4 个项目均超时，导师和投资人针对路演内容做了详细的增减。"首先项目在演讲时要做加法，让人看到自己的项目有市场和成长性"。

8 分钟，创业团队要怎么打动投资人呢？一位导师梳理出了各个项目的优势，分别提出了他们的"打法"：或主讲巨大的市场，或讲算法和技术对应的应用市场壁垒，或以情感切入，以市场演绎为重点，或讲巨大市场与技术革新带来廉价的市场推广性之间的匹配等。

有一位导师则事无巨细，针对选手们 PPT 上出现的问题，一页一页地修改后，再发送给参赛选手。还有一位导师甚至还从分析评委们的心理来给路演选手们"支招"："在场上，如果你被问懵了，不要怕，不要先失了气场，等导师来帮你回答。我们前期对你们做了这么深入的了解，一定会有强有力的回答让'挑刺'的评委闭嘴，这是从评委心理上分析作战。"

模拟路演还不够，有的导师组觉得纸上得来终觉浅，于是决定实地走访项目基地。他们去了都江堰、新都、德阳等地对项目进行考察调研，并给出自己的建议。

在实地调研过程中，张老师对修井打捞与换套监控仪项目提出了连项目创始人自己都没发掘的优点，"你们的监控仪不仅可以用在石油作业领域为其节约作业施工成本、提高作业安全，还可以用在与液压传感和重力感应相关的过程监控"。该项目负责人在感叹导师专业的同时，也重新认识了自己——"原来我们还可以做这么多事情"。

在魔态环保创意包装项目基地，老师一一指出项目需要修改的地方，认真严谨的做事风格让项目人员十分感动，参观完后，负责人立马信心十足地表示："我要修改和训练了，争取有更好的表现！"

硅谷顶尖孵化器 Founders Space CEO Steve Hoffman 作为大赛的国际评委也亮相模拟路演，远程视频给决赛选手提出建议。Steve Hoffman 从自身的创业经验出发，给比赛项目提出建议。他认为，当市场不好做的时候，就要另辟蹊径换个方式盈利，而且在创业过程中要有更多的思考，避免被人抢占先机。对于文创项目，Steve Hoffman 希望大家是通过自我的品牌、IP 去引流，而不是靠售卖版权盈利。

为期四个多月的联系，19 场面对面、"一对一"的悉心辅导……组委会和导师们的用心做事，让 12 支创业团队无不感受到了这个平台的务实。修井打捞与换套监控仪项目负责人在一篇总结文章的结尾写道"有恩师相伴，笑傲江湖"。

从上面两个例子可以看出，预演就是达到憧憬未来的状态，并且有经验的老师的指导预演很多遍效果会更好。

成功者的经验告诉我们，预演要注重与过程相关，比如明天的路演是 3 分钟，时间很短，整个环节你要做的事、如何做、几个人做等都要有清晰的计划，最好能够提前演练。如果没有提前演练的条件，就要做充足的准备，比如投影是怎么放的、门的位置等。同时，演练过程中要关注自己，进行自我管理，要深呼吸让自己放松，使你的大脑处于一个活跃的状态，你的路演的过程才不会僵硬。这也是克服恐惧的有效方法。演练中也要关注对象，比如投资人和评委，因为他们会决定你的表达内容是否清楚，是否按照内容来行动。演练后仍然要关注自己，要记录下自己的感受，这是真实而有用的。内容在整个过程中都很重要，但它是在你准备过程中就已经决定了的。

确定彩排的物料、场地和费用

路演彩排很重要，要有面对不同观众的彩排，这样能得到不同的反馈，进而做出相应的改善。要做好路演彩排，必须确定彩排的设备、场地和费用，这是个非常细致的工作，因此是正式路演前彩排环节必须予以充分重视的工作。那么该如何做好这些工作呢？

第一，确定物料准备要达到的效果。一是提前联络好灯光音响设备、舞台效果，数量、规格、使用时间都要确认。具体包括制作精美高档的邀请函、专业精美的企业推介画册、招股说明书、可行性研究报告（产品技术分析、市场分析、募集资金可行性分析等）、文件封套、幻灯片和幻灯彩册、公司推广录像带、礼品、文件礼品袋等。二是灯光师、音响师要落实，按活动要求及时到位。三是确认现场灯光、音响、舞台等进场布置时间、调试时间、使用时间、撤演时间等。

第二，确定场地要达到的效果。一是事先应与当地资源或客户取得联系，为考察做好充分的准备。二是确定进场路线，如停车区域、卸货区域、是否有货梯，以及能通过物料的体积大小。三是确定活动用电量、开关闸的位置。四是确定客梯、楼梯、安全出口的位置。五是确定特邀嘉宾的座席以及休息室。六是确定嘉宾签到台、展示区的位置。七是确定座椅数量、摆放方式和座椅的样式。八是确定嘉宾走动区域、茶歇位置等。九是确定现场是否有网络以及覆盖情况，确定现场灯光位置。十是确定空调温度、讲台位置和高度。十一是确定停车场位置和数量。十二是确定活动现场的总面积以及各区域面积。

第三，确定费用要达到的效果：每场活动结束后都需要有一份详细的费用清单，路演的费用清单大致包括以下三种：路演物料费用、路演场地费用、参加路演活动的演艺人员的费用。为了做到路演活动成本的高精准度，要尽可能地把所有的成本都计算在内。在这个过程中，你会发现有很多意外产生的费用都要纳入到成本中，要注意不断更新成本表，根据变化增减相关项目产出的费用。

在确定彩排的物料、场地和费用的过程中，墨菲定律给这项活动执行敲响了警钟。墨菲定律的基本内容是：如果事情有变坏的可能，不管这种可能性有多小，它总会发生。墨菲定律告诉我们，事情往往会向你所想到的不好的方向发展，只要有这个可能性。把这句话用于在确定彩排的物料、场地和费用上也是合适的。由此也可以看出，周到细致的准备工作对路演呈现具有不可忽视的重要意义。

路演 PPT 设计技巧和宣传片制作

路演 PPT 和宣传片是路演呈现中的一个重要元素。事实上，支撑路演活动的重要条件就是 PPT 和宣传片，一套完善的 PPT 和宣传片能给客户无与伦比的现场体验，为实现使客户"从接受到投资"奠定基础。下面我们就来讲解一下路演 PPT 的设计技巧和宣传片的制作。

路演 PPT 该如何设计？有哪些技巧？可以按照下面六点所规定的比例来安排内容：

第一，一句话定位自己（占 10%）。开门见山地说清楚我要做什么，可以高瞻远瞩，可以哗众取宠，可以朴素动人，但是千万要引人入胜。

第二，市场分析，数据说话（占15%）。梳理一个逻辑，通过数据证明一个个小结论，最终证明一个大结论，也就是你所想要证明的市场动向。通过权威的数据来源，坚挺的数据分析足以创造一个极具信服力的市场一览图。

第三，我的优势和亮点（占15%）。独立提出或有关联地单独提出优势和亮点，与市场分析相呼应，并至少用一页PPT说明，采取"大标题＋简短描述"的形式，配合详细的演说，足以充分展示所有内容。

第四，团队构成及主要经历（占20%）。第一页，将团队结构图像化，并逐一配以高清照片及3条以下的重点经历；第二页，单独列出团队经历，同样配以3条以下的重点经历及高精度活动照片。

第五，战略及发展（占25%）。第一页，内部结构计划，包括当下结构和未来预发展结构，并按照时间节点，介绍发展计划。第二页，外部发展计划，横向时间发展线，说明业务规模发展（盈利、市场占有率等）计划；纵向行业发展线，说明业务能力发展计划（专业程度、承载能力等）。

第六，财务预估和融资信息（占15%）。将财务结构图像化，包括股权比例图、投资回报周期图、资金分配图等。

需要强调的是，设计路演PPT应该遵循以下几项原则：

第一，统一性原则。一是整个PPT画面风格统一。首先，颜色搭配统一，最易上手的是单色PPT，并且一般不超过3种颜色。图片的选择和字体颜色的变化，也要基于整体色调，画面不可出现过多颜色。颜色选取的最简单方式，是用"滴管工具"选择想要使用图片的主要色，再运用到PPT其他配色中。其次，图片和图标的选择一般采取相同风格，如活泼的图片配以明艳的颜色，稳重的图片配以沉重的颜色。二是整个PPT文字形式统一。文字最好采用3种以下的字体，如标题用字，副标题用字以及正文用字，请分别处理英文和中文的字体。三是整个PPT排版方法统一。相同性质的PPT页面，如不同结论的数据分析，采用同一种排版方式。文字排版，注意对齐、留白和间距、主谓宾搭配。图片排版，采用直线或中间线对齐的排列方法，如直线则要求相同尺寸的图片排列在一个直线上；中间线则要求中间线两边的图片在尺寸和排列方式上如镜子一般对应。

第二，主题性原则。一是颜色凸显主题。越严肃的主题，用色越简单。二是图片表达情绪。首先，高清的图片是认真和追求的体现。其次，不同的图片表达不同主题，如打闹的孩子们，可以传达随性的主题；冰山可以传达冷静的主题。三是文字表达主题。首先，字体传达主题，如草书传达洒脱，微软雅黑传达商务。其次，最好可以用一个故事，串联内容，如果不行，请说一个有逻辑的议论文。

以上的设计技巧和基本原则，就是一个路演 PPT 的基础构成。

另外，在这里讲一下在路演 PPT 时需要把握的几个要点：一是如果你觉得某个 PPT "只要花几分钟"，那么就压缩在 1 分钟之内。二是如果你被投资人告知"只有几分钟的路演时间"，那么就至少要把时间压缩到 5 分钟之内。三是如果你说"下面是最后一件事儿"或是类似的话，那么请确保这真的是最后一件要说的事儿。四是掌握好节奏，不要急急忙忙收尾。五是如果你使用幻灯片，在一张幻灯片上停留的时间不要超过 3 分钟。六是最好的路演时间大概是 10 分钟，如果投资人真的感兴趣，他们会问问题。

制作路演宣传片的目的是为了向投资人募集资金，因此要让人搞清楚你是谁，你的企业来自哪，何时成立的、规模如何、生产什么产品、提供什么服务、企业文化和愿景是什么等，总之就是为了让人知道你是谁、你要干什么。

路演宣传片制作的方式多种多样，但一般都是围绕以下三个步骤展开：一是前期策划。这个前期策划相当于拍摄文案，在进行策划之前，需要事先搜集自己企业的资料、行业的资料，这样，策划出来的文案才会更严谨。二是中期拍摄。路演宣传片制作在中期拍摄阶段，要确定拍摄重点，这样才不会让拍摄出来的画面毫无意义、毫无重点，也不会让一些不重要的镜头喧宾夺主。三是后期制作。它是将拍摄出来的镜头整合在一起，配上文字、音乐、画外音等形成一部完整的片子。只要按照这三个步骤进行，一部路演宣传片就能制作出来了。

需要强调的是，路演宣传片几乎就是有干货的、格调很高的、会动的 PPT，因此必须突出专业性。

第二章　路演呈现之第二步：文字修辞

演讲是一种讲求言语艺术的特殊应用方式，因此文字修辞对演讲的成功具有举足轻重的作用。在路演演讲过程中，你所使用的文字经过加工处理，不仅能为演讲稿增光添彩，更容易吸引听众的关注，获得投资。为此，需要我们精雕细琢，撰写逐字稿，以打造一场精彩的登台演讲；善于使用表述语、提神语和说服语这三种语言，形成文字修辞的三语鼎立；做好故事演绎，让你的故事有逻辑、带感情。

写逐字稿：打造一场精彩的登台演讲

很多人在路演演讲中的做法是把自己的项目方案当演讲稿，或者把对项目的构思大纲（没有方案）作为演讲题材。其实，写逐字稿对路演现场演讲非常重要，即使你出口成章，记忆力又好，也是需要逐字稿的。写逐字稿可以帮助你打造一场精彩的路演登台演讲。

据新东方的一位老师介绍，新东方所有新老师入职都要写一种叫作逐字稿的东西，什么叫逐字稿，就是你进门第一句"Hi everyone（嗨大家好）"都要写下来的备课稿。包括你上课讲的笑话、段子，全部要写进去。新老师一门课的逐字稿都是几十万字记的，字数完全可以出书了。把风趣幽默的部分全部备课备到这个程度，以有心打无心，以强风吹薄云，你自然觉得很厉害。

在新东方，每位老师在备课时，都是要求写逐字稿的。也就是说，这一堂课所有要说的话，都要一个字一个字写下来，这是很恐怖的。正常人的语速在200字/分钟以上，而新东方老师一般语速会更快，差不多能到350字/分钟以上，所以如果一位老师要想准备8小时的课，那么就是 $350 \times 60 \times 8 = 168000$（字）。16.8万字是什么概念呢？我手边正好有一本32开本、234页的散文集，它的字数是16.1万字。这意味着，每上一天的课就要出一本自己带料的散文集。

至于逐字稿对老师有怎样的作用，还是要说回我们那场讲座。其中一位主讲人是位年轻英俊的男老师，留英博士。他滔滔不绝地讲了30分钟，从新东方的办学理念讲到自己的学术生涯，再到给在场的大学新生的建议。可谓是旁征博引、亦庄亦谐，有故事、有包袱，也有金玉良言的忠告。不要说材料的组织，几乎连停顿都是完美的。他在演讲时也仿佛就有光环在身后一样。他的演讲赢得了同学们如雷般的掌声。而到了接下来观众提问的环节，一位同学向他提了一个非常简单的问题，好像是"出国留学的经历给你带来了怎样的收获"，他一下子就愣住了，回答得很没有章法，还有些磕巴。你能明显感到他的光环就消失了，那才是他本来的样子，他应该原本是一个很内向，并不善于交流，甚至在口舌方面很笨拙的人。这时再看他在演讲中的表现，你就能发现，准备是能给人带来脱胎换骨的效果的。这一幕对我的启发非常大，从此以后我在大学里的每次发言都要写逐字稿，无论是主持、演讲、辩论乃至毕业答辩，确实效果都非常好。

幽默当然有很多技巧，作为我等普通人根本不用上升到理论的高度。听听相声，看看美国脱口秀，再翻翻钱钟书、林语堂的书，学个三招两式就终身受用不尽。但是如果你演讲时再忙着回忆接下来的内容，或者琢磨该用哪个虚词过渡，你就顾不上任何临场，你的任何技巧都没有用武之地。优秀的演讲都是准备出来的，故事、结构、笑料、停顿、动作、表情，都可以准备。

从这位新东方老师介绍的情况来看，新东方的逐字稿让人抓狂，但也确实对老师们的教学起到了非常重要的作用。

既然逐字稿这么重要，那么如何完成逐字稿？所谓"逐字稿"，就是说演讲中所说的每一句话、每一个字都要进行反复的排练演习，甚至每一句话的声调、停顿、眼神、表情、肢体动作，也都需要精心设计。另外从逐字稿字数的多少就能算出你需要的演讲时间，根据时间和你要讲的内容做平衡修改。在规定的时间完成你的演讲而且达到了你的效果，这是你能力和水平的体现。下面来欣赏一个PPT逐字稿的案例：

各位领导下午好，我是深圳市某公司的销售顾问李某，大家叫我小李就好了。很高兴今天可以在这里向大家汇报针对贵公司销售业务的解决方案，我的本次汇报时间大约是30分钟，汇报完大家可以进行一个互相的交流答疑。那么接下来就开始进入我的汇报。我今天的汇报主题是规范业务流程，高效去化制胜。

我将分为三个模块来阐述，首先是根据之前对贵公司的前期调研来分析业务现状；其次是简介明源销售业务解决方案，如何去管控关键节点，如何去解决销售业务中的问题；最后是通过明源ERP系统如何去落地实现，真正地为企业解决问题，创造价值。

我们绿景确实发展得很快，业务全国战略扩张，管理幅度变广和管理项目增多也就意味着绿景的管理要求也越来越高。

根据前期对贵公司的一个调研，针对销售业务我们提炼出以下六个问题：一是客户信息难以沉淀，没有形成自己的客户库。二是销售过程中随着市场的变化如何对价格进行管控。三是财务部门针对回款现金的评估方式还比较粗放，销售回款计划无法有效实现。四是无法实时把控整个销售现场业务，流程不够通畅，管控不到关键节点。五是销售数据和财务数据不对口，整个业务数据无法及时准确获知。六是如何有效监督一些异常情况，及时做出反应。

针对以上问题，归纳总结之后发现其实贵公司销售业务的难点和关注点是聚焦在客户、财务和销售上。首先是如何拥有精准的储客数量，如何有效地与客户跟进，并主动沉淀下客户信息作为整个销售业务的基石。其次是财务上如何提供及时准确的财务数据，保证回款的及时和现金流的健康，如何规范业务变更，严控风险，成为销售业务的中坚力量。最后是怎样合理制定折扣方案来保障去化和利润之间的平衡，怎样根据费效分析及时调整我们的营销策略，从而实现高效的去化速度。

接来下我简单概述一下明源销售业务的解决方案。

我们的解决方案是围绕客户全生命周期和销售业务流程进行设计的。从对潜在客户进行跟踪培养到最终成为我们企业的忠诚客户，从售前、售中、售后的阶段性管控上规范业务流程，把控关键节点，实现销售业务的精细化管理。那么究竟如何进行管控呢？综合明源17年4000多家客户的发展经验，总结出四个管控：控销售、控价格、控费效、控回款。通过"四控"思想去优化业务流程。稍后我会从业务和系统角度来谈如何进行四控。

下面我就来阐述如何实现明源系统的落地应用。

明源专注房地产信息化管理已有17年，拥有4500多家客户，其中房地产百强中70%都是我们的客户。从这些标杆企业的发展经验中提炼出了我们的解决方案，再结合绿景集团的实际情况来应用。

明源的销售系统框架是自上而下的，首先是销售预算完成率、回款预算及销售毛利率；其次是管控核心，价格管控、费用管控、销售管控和回款管控；再次是业务流程中的23个节点；最后是分析基础数据。为了提升营销决策力，我们就不得不对资源进行分析，对关键业务进行分析，以此来支撑关键指标决策。

明源销售系统可以通过个性化桌面提供实时准确的报表、销售数据的分析，以及移动终端的实时短信汇报计划完成情况来帮助高层领导进行决策。

明源销售系统是如何为绿景的销售业务加强管控、创造价值的呢？在销售预算阶段，可以从市场营销功能里编制销售计划，每天、每周、每月去查看计划完成数据以及总目标的差额数据等。根据开发成本设定底价，这个底价就会在系统中形成一道底线，不允许随意去触及这条底线。有了底价就要去设立面价，通过系统我们设定多套面价方案，这样可以随着市场变化迅速做出反应，及时调价，提高产品溢价。

针对面价我们有个案例，我们的客户恒大在某项目开盘当天预计到场客户2000人，大家都知道恒大的广告语就是"开盘必特价，特价必升值"。结果当天签到客户5000人。恒大销售总监临时告知现场顾客系统网络故障中断，不得不推迟开盘10分钟，就在这10分钟内紧急应用明源销售系统启用第二套面价方案，迅速涨价到每平方米600元。最终当天成功热销1200多套产品，实现7000多万元的溢价。

大家都知道销售时必须制定多套的折扣方案来吸引客户，帮助置业顾问去实现成交。但是多套折扣方案如何能在准确的时间投向准确的客户呢？置业顾问又如何能迅速掌握第一手信息呢？这个对明源的销售系统就小菜一碟了，该系统轻松提供多样化折扣方案，实时传递到每个销售线上。

接下来是我们的市场营销活动。

营销的动作主要就是广告投放，广告要多渠道组合投放，然后再根据系统沉淀下的数据进行费用效益分析，调整我们后续的投放策略。

有个客户在应用明源整体解决方案前，在某广告上投了 24 万元的广告费用，但是根据后期的统计，来的客户只有 50 个，最终这 50 个客户中只有 3 个成交。每 8 万元成交 1 单，按照一栋房子 100 万元计算，光是广告费就占了销售总额的 8%，远远高于行业内 3% ~ 5% 的水平。之后应用明源的解决方案，通过系统费用效益分析及时调整广告投放策略，使得营销费用效益可知、可控、可优化。当然还可以通过踩盘活动收集竞争楼盘的信息。

接下来就到了储客工作了。针对储客，首先有个客户线索导入的步骤，去识别意向客户，同时沉淀下客户信息。

在客户跟进阶段，可以将我们企业最优秀的置业顾问的工作模式进行复制，在系统中固化跟进步骤、跟进时间差和跟进内容。对每日需跟进客户和逾期未跟进客户进行一个筛选，方便对跟进工作进行重要排序处理。然后在个性化桌面上可以显示今日待办事项，提醒跟进工作。而销售经理同样可以根据跟进过程监控了解到团队里置业顾问的跟进情况，确保跟进的质量。这就解决了客户跟进的难点问题。

某地产公司有次在项目开盘前夕被竞争对手挖走几位优秀的置业顾问，100 多位意向客户面临流失。所幸该公司应用了明源的销售系统，销售经理立马调取客户信息，紧急跟进。最后这 100 多位意向客户中成交了 68 单。可见利用信息化管理储备客户资源是我们企业必须修炼的内功。

那么有了客户信息之后还需要针对客户资源进行多维度的分析，分析热销房型和调整营销策略。指导下一步的动作。

我们系统里很人性化的一点是可以通过设定给相关客户发送生日祝福短

信和开盘邀请，提升用户体验满意度。

接下来就是管控要求较高的认购签约了。针对前期的认筹客户我们在开盘前进行一个诚意排号的动作。然后在开盘过程中可以通过电子化的销控面板自动实时刷新，可以有效规避"一房多卖"的风险，同时在面板上可以实时了解和查询认购签约的情况，远比以前手写记录数据要来得高效、便捷、灵活、精准。

针对签约客户可以直接与国土局网上合同备案系统对接，减少成交资料的二次录入，同时直接打印合同，确保合同信息与业务系统信息一致。这个动作可以让签约专员服务每位顾客时节省至少一个小时的时间。

签约之后我们经常会遇到变更事项，明源认为所有的变更审批必须要在系统中发起审批，依据不同的变更事项分级审批，规范变更管理的流程，严控过程中穿底价及退房炒房等风险。

下面是销售回款环节。

收款管理中我们利用系统进行套打票据，确保收款数据的准确性和及时性，简化现金财务现金账核对工作。在回款中关注重点是银行批量放款，因为通常银行回款占据我们销售回款的70%以上，所以要重点关注银行批量放款的信息管理。

当然销售和财务的同事还需要重点管控欠款，逾期业务就像一道道阀口，阻塞了现金的回流。所以为了提高逾期业务的办理，可以通过系统集中这些信息，由一线销售团队直接实时跟进，不再需要通过财务进行管控，权责明确，简化流程。同时在系统这边有功能按钮可以直接向客户发送短信提醒催交欠款，或是直接打印催款通知函。大大减轻了一线同事的工作量，提升了整个逾期业务的办理效率。

通过系统的财务接口直接和财务系统对接，销售财务数据口径一致，形成同一张报表，简化财务月末总账核对工作。自动生成凭证，减少了制证工作量，提升了凭证准确性，减少了人为失误。

最后优化的是我们的售后服务。

合同备案前面已经提到，利用与国土局网上备案系统的对接，提升客户体验和签约专员的工作效率。

在按揭动作中可以及时更新信息，避免财务收款和合同管理的不一致。

入伙管理里可以直接批量打印入伙、产权、面积补差通知书，规范业务流程，提高工作效率，提升客户服务的体验。

同样的，也可以利用明源系统套打办证通知等。非常方便快捷。

那么我们希望利用明源的解决方案和强大的系统平台为公司强化四控，建标准，梳流程，提效率，从而搭建一套高效标准的销售管理平台。

最后我们回到最初的目标，即销售额、销售毛利率、销售回款是我们要保障的目标，通过四控的手段来强化业务，从而实现卖得好，控得住，投得准，回得快。

我的方案汇报就到此，欢迎大家一起进行交流答疑。

这篇演讲可以作为逐字稿的一个范例。在这篇演讲中，小李规划的演讲大纲有三个模块：首先是根据之前对贵公司的前期调研得来的业务现状进行分析；其次是简介明源销售业务解决方案，如何去管控关键节点，如何去解决销售业务中的问题；最后是通过明源 ERP 系统如何去落地实现，真正地为企业解决问题，创造价值。小李站在听众的角度设定它们的先后顺序，这种清晰的逻辑有助于听众的理解。根据这篇演讲的内容，小李在设定大纲后，把他要说的每一句话都经过了推敲，最终形成了一个在大纲框架下能够表达目标的精心设计的完备的逐字稿。

三语鼎立：表述语、提神语和说服语

语言文字是演讲的基础，打好这个基础，你才有可能在路演演说中做到100%。一个成功的演讲应当由三种语言组成，形成文字修辞的三语鼎立，那就是：表述语、提神语、说服语。表述语的作用是陈述事实、抛出事实、陈述现状。提神语的作用在于鼓励、激励、唤起情感。说服语的作用在于进一步说服听众，唤起行动和认同。说服语和提神语的区别在于，提神语着重情感，而说服语着重道理、唤起行动。

一篇成功的演说，表述语、提神语、说服语三者缺一不可。在电视剧《亮剑》中，日本鬼子对李云龙的根据地进行了扫荡，情况非常严峻，李云龙和政委赵刚需要对士兵们进行战前动员，目的是鼓舞士气，使大家同心协力突出重围。

李云龙说："同志们，大家都知道了！鬼子对我们的根据地进行了扫荡，这次扫荡不比以往，可能会更糟糕！我要说的，只有一句！天下没有打不破的包围圈！对我们独立团来说，老子就不把它当作突围战！当成什么？当成进攻！向我们正面的敌人发起进攻！大家有胆量没有？记住，全团哪怕只有一个人，也要继续进攻！死，也要死在冲锋的路上！如果有谁怕了，我可以给他机会，让他脱掉军装，交出武器，和老百姓一起转移！有没有？（众士兵：没有！）好，都是有种的汉子！把刺刀给我磨快，把子弹给我推上枪膛！把手榴弹的盖给我拧开了！想消灭独立团，他鬼子还缺副好牙口！时间紧迫，我就不多说了，下面请赵政委做战前动员！"

赵政委说："同志们，我说的也不多，我只想告诉你们，入冬以来，鬼子在冀中地区进行了残酷的大扫荡。冀中各区部队和敌人进行了激烈战斗。同时，敌人向冀东南、冀西北地区也进行了扫荡！敌人在华北地区形成了一个巨大的包围圈，想一口吃掉我们！我不想隐瞒，必须把真实情况告诉你们，我们将面临一场前所未有的血战，战斗将极为残酷。我们中间，会有很多的牺牲。我要说的是，不管有再大的牺牲，这都是我们必须承受的代价，因为我们是军人，我们肩负着守土抗敌的使命和责任。我们不牺牲，难道还能牺牲我们的父老乡亲吗？（众士兵：不能！）同志们，尽管敌众我寡，实力悬殊，但是我们敢于和敌人以命相搏！杀开一条血路！狭路相逢勇者胜，我们要杀出独立团的精神！敌众我寡，形势不容乐观。"

李云龙和赵政委分别进行了动员，两个人的动员词合起来是一篇完整的演讲稿。在动员过程中，李云龙首先抛出事实，然后依次交叉使用表述语描述事实和提神语鼓舞大家，极高地提高了士兵的士气。轮到赵政委说话时，他先是使用表述语进一步描绘了现状的残酷性，之后他使用了前面李云龙没有使用过的说服语来说服大家。这个说服语是非常重要的，没有说服语，整个演讲的效果就大打折扣了。如果说提神语的作用是鼓舞士气，鼓舞大家的情感，那么说服语的作用就是理智上让大家知道必须这样做，没有别的路可以走——我们不打仗，难道还要老百姓打仗吗？

在一篇演讲中，表述语、提神语、说服语的使用是水到渠成的。但是一般来说，表述语应该在最前面，阐述事实，之后是提神语，激发情感，最后是说服语，唤起行动。中间可以穿插着使用，但是大体的顺序是这样的。

在企业中，这类的情况非常常见。一位企业老总鼓舞员工的士气时，他是这样说的：各位都知道了，这三个月我们业绩下滑了30%（表述语，讲事实）。但是我对我们有信心（提神语，鼓励）！我们是最好的团队！有最优秀的技术和最优秀的销售（提神语）！让我们一起共同渡过这个难关！这个难关只是一时的，只要我们同心协力，就能把业绩再次提升上来（说服语）！

　　这短短的演讲中就包含了表述语、提神语和说服语。从文字修辞上看，这篇简短的动员演讲是非常成功的。

故事演绎：讲一个有逻辑、带感情的故事

　　我们常听到这样一句话"品牌就是讲故事"。的确是这样，无论是香奈儿、普拉达，还是苹果、小米、锤子，又或者海底捞吐血服务、雕爷牛腩的500万秘方、薛蟠烤串的内蒙古自营牧场，甚至是褚橙的励志故事，我们发现，这些被人们所熟知的品牌背后都有着大大小小的故事，成为人们茶余饭后的谈资。故事是品牌传播附着力的来源。而对于一场演讲来说，能否创作出打动人心的故事，也是决定演讲效果的核心因素。

　　在罗永浩的演讲中，故事永远是第一位。对观看罗永浩演讲的观众来说，他们看到的不仅是一场新产品发布的演讲，更像是一场场舞台戏剧或者电影，包含着故事剧情、戏剧冲突、蠢笨的反派，以及拯救世界的英雄等重要的元素。这些元素结合起来构成了一个个引人入胜的故事。罗永浩创作的故事遵循了一个非常常见的故事框架：世界被坏蛋占领，英雄出现，打败坏蛋，拯救世界。这样的框架非常广泛地被运用于小说、电影、电视中，大家也可以找到很多这样的例子。下面我们通过两个例子来看看罗永浩究竟是怎么做的。

　　在2009年的"我的奋斗"高校巡回演讲中，为了给当时的老罗英语培训做宣传，罗永浩讲述了自己的成长经历和开办英语培训学校的故事。故事中，他讲述了英语培训行业的一些流氓做法和"歪风邪气"，并总结出当今

英语培训的三大流派（注意：坏蛋出现了！）——"神奇派""N天搞定派""不不不派"。

"我研究了一下，发现在中国，民营培训机构打广告就三个路数：第一派是神奇派，就是会讲自己的培训方法是神奇、秘籍、魔法、魔咒，三年能顶三十年，乾坤大挪移，女巫布莱尔就是这些方式，在中国，没有一家英语培训机构的教学方法是不神奇的，你看那些宣传材料就知道。那么第二种呢，叫N天搞定派。你们见过吧？中国几乎所有的英语培训机构都用这招。七天让你的口语脱胎换骨，三天搞定雅思写作，十七天搞定GRE单词，说四十秒搞定托福阅读。你们可以上网查一下，四十秒搞定托福阅读的还是一个主流的培训机构，还是个大机构。第三种，叫不不不派。不不不派是什么呢？不打针、不吃药、不动刀、不流血，不手术、无痛苦！不不不派！可能有些同学以为我说串了，扯到医疗保健品行业了"。

那么如果不用这些流氓手段，就不能做好英语培训了吗？当然不是。接下来，罗永浩顺理成章地开始讲述他们是如何在坚持原则的情况下，做好服务和教学品质，将老罗英语培训运营起来（英雄出现拯救世界）。"我们会永远做一家没有秘籍、没有魔法、没有神奇，并且七天不能帮你搞定英语的英语培训学校，希望大家监督，谢谢大家"。

在2014年锤子科技SmartisanT1发布会中，罗永浩先讲述了他们设计品牌LOGO以及SmartisanT1这个名字的来源，接着提出一个问题：怎样令人信服地打造一部4000元的精品手机。这次演讲的故事逻辑是：提出问题——仔细描述行业现状——解决问题，这是老罗常用的叙事结构。我们来看看他在这次发布会中是怎么介绍智能手机行业现状的：

"大家看一下这些是他们经常做的一些事情，四核、八核、真八核、智能八核、十六核；防尘、防污、防水、防摔、防雷劈；跑分高手、跑分大师、跑分达人、跑分小王子、跑分天王；我一直为这些事情感觉到非常困惑，800万像素、1300万像素、4100万像素摄像头……厂商为什么要在手机里捆绑一个4100万像素的摄像头？这是我无论是之前作为一个消费者，还是现在作为一个厂商都在苦苦思索的一个哲学问题。另外呢，屏幕也很奇怪，明明就是那么几家出的，但是名字到了他们手里变得很奇怪，黑钻级屏幕、无边界悬浮屏、高清魔幻屏、特丽魅彩移动显示屏，好像所有的公司里面都养着一群文盲。超大屏占比、超窄边框、超高PPI超级性价比。多年以来消费者基本上就是这样被厂商和数字媒体引导的"。

由于这些情况，罗永浩得出结论：多年来消费者一直被手机厂商和媒体向错误的方向引导。那么，正确的方向是什么呢？这时英雄出现。接下来罗永浩开始分三点讲述锤子手机的设计理念：硬件配置；设计和工艺；操作系统和软件。OK，三个部分讲完，问题解决。

罗永浩和乔布斯都非常喜欢将内容分为三部分进行讲述，并提前就告诉观众这三部分分别是什么。为什么这样安排，这是因为人们大脑短期记忆非常有限，很难记住太多的条目，"事不过三"的原则可以让观众对你接下来的内容印象更为深刻。

类似这样的故事结构在罗永浩的演讲中还能找到很多例子，篇幅所限就不再多举例。在罗永浩这里，反派的存在对他演讲的故事起到了非常重要的剧情效果。类似的是，乔布斯也曾在其公开演讲中将IBM和微软等企业作为反派进行多次批判，通过这种方式，将观众团结在共同的使命周围。

从上面的例子可以看出，罗永浩讲故事不仅有逻辑，还带有丰富的感情。事实说明，以一个有逻辑、带感情的故事开始你的演讲，这会从一开始就勾起听众的兴趣。那么，怎样讲出一个有逻辑、带感情的故事呢？

先说说逻辑，根据你所处行业的不同，可能这个逻辑是不一样的。比如互联网企业，一般习惯先讲用户的痛点，就是我们通常所说的"Why?"（你为什么做?）即你的产品或服务能解决用户的什么需求。然后是"What?"（做什么?）即你的产品或服务怎么去解决这些痛点。然后是"How?"（你如何做?）即你的产品或服务的商业模式、盈利模式。最后是"Who?"（谁来做?）即团队配置。

通常传统企业，可能习惯先讲，我们做的是什么? 行业情况? 这个市场空间有多大? 我的商业模式、战略是什么? 最后我如何去盈利? 其实不管先从哪一块讲，无非是把你的每一块串联起来，像个有趣的故事讲出来，去吸引投资人更多的关注。

所谓带感情，强调的是演讲人一定要精神饱满，将企业精神、创业激情展现出来，不单纯是从头到尾平铺直叙一个事情，而是你的故事一定要生动有趣。讲故事除了直白的语言表达，还可以加入一些动作，甚至简短的互动。比如将你的产品在现场直接呈现给投资人，做一个小小展示，如果投资人能现场体验最好，听故事的人会有切身的体会。例如，2008 年在苹果公司 MacBook Air 发布会上，乔布斯在台上从信封里把苗条的笔记本电脑拿出来，一个简单的动作比千言万语更令人印象深刻。

除了有逻辑、带感情外，讲故事还应该有亮点，观众才喜欢听。如果企业的产品是切实解决用户的某些痛点、需求，最好强调出来。可以看小米MIUI8 的发布会，其简单的文字、明了的图片，就说明了 MIUI8 能解决的用户痛点，这就是产品亮点。为此，项目方可以结合所在行业的特点来突出企业优势，可以从产品技术、核心团队、市场渠道、商业模式等来讲。比如在高科技行业，你的技术领先，比竞争对手强大，这就是最大的亮点。再如在互联网行业，你的产品解决了用户的那些痛点，是如何解决的，演讲人可以尽情展示产品细节和独特价值，这就是你最大的亮点。

总之，故事能不能听懂、好不好听需要演讲人把握好逻辑和感情。投资人对路演已经司空见惯，看过的项目不计其数，如果企业家能在路演最开始的三五分钟之内把自己企业的亮点提炼出来，吸引投资人眼球，那么投资人对你整个项目的兴趣就会大大提升。

第三章 路演呈现之第三步：语音语调

路演呈现中的语言从口语表达角度看，必须做到发音正确、清晰、优美，语调贴切、自然、动情。所谓发音正确、清晰、优美，要求既要能准确地表达出丰富多彩的思想感情，又要悦耳、爽心。为此，演讲者必须认真对语音进行研究，努力使自己的声音达到最佳状态。所谓语调贴切、自然、动情，要求语调必须切合思想内容，符合语言环境，考虑现场效果。路演演讲过程中语音语调的学习需要从气、声、音三个方面入手，要做到：气发丹田，持久有力；发声时声情并茂、声若洪钟；发音要把握音量、控制节奏。

气：气发丹田才能持久有力

为什么许多成人很难发出小孩哭和鸡鸣的声音呢？因为小孩的哭声和鸡鸣声都发自丹田，气发丹田则声音洪亮，持久有力。其实，真正做到这一点，还需要普及一下常识，弄懂"丹田"及"气沉丹田"与"气发丹田"的原理。

"丹田"是一个非常重要的部位，那神秘的"丹田"到底在什么地方呢？播音主持的第一节课，就是先帮大家找到"丹田"。其实"丹田"并非像小说中描绘得那样神秘玄乎，它其实就是我们的腹肌，特指肚脐以下三指左右的下腹肌。这块肌肉其实我们发声时常用到，只是大家没有注意到它的存在罢了。比如我们哈哈大笑或者是高声喊叫之时，就会发现下腹肌在不停运动，这就是气息在不断上行下沉，如果我们能够把这股气息运用到播音朗诵当中，就会收到意想不到的效果。

气发丹田首先要"气沉丹田"，如果丹田无气，那就没什么可发的了。武侠小说里的高人侠士，都会在习练高深功法之前要求"气沉丹田"，透过影视屏幕留给大家的印象则是，习武者双脚分开直身站立，两手掌心向上运气抬至前胸，然后气息下沉，两手掌心向下收至下腹。此时就可以大展拳脚，所向披靡了。

那如何气沉丹田呢？当然最关键的就是要建立正确的呼吸方法，也就是我们说的胸腹联合式呼吸法。胸腹联合式呼吸法的操作要点就是"深吸慢呼"，具体步骤如下：自然直立双脚分开与肩平齐，两手掌心向里扶住自己的后腰。这时通过鼻腔深深吸入一口气，胸腔微张，小腹略收，这时两只手可以明显感觉到腹部的收缩。然后，经由口腔将这股气慢慢吐出来，这时会感觉气息下行至腹部，腹部逐渐膨胀起来，感觉像是充满了气的气球。当气息吐尽之时，腹部明显感到肌肉发紧，腰肌酸胀。这时候就完成了一个完整的呼吸过程。当然，作为初学者来讲，要经常做这样的练习，才能形成腹部主动呼吸的习惯。

当然，这只是练习的中间环节，等习惯了之后，就可以省略胸腔扩张的过程，直接让腹部承担呼吸的主要工作。如果说气沉丹田是什么样的感觉，说得比较通俗一点儿，就是大家拉便便时用力的感觉，只不过这个力是向上的而已。

气沉丹田之后就是气发丹田，那如何气发丹田呢？所谓气发丹田，并非真有气从丹田发出，而只是在强调身体协调一致。没有练习过功夫的人，一般意识不到自己的动作并没有达到可发挥很大潜力的协调。而练习过功夫的人，会知道力从脚来，力从腹来。这其实强调的都是一种协调。

一些小说里经常写大侠们如何运气，神乎其神。其实，动手前的"运气"和体育比赛前的活动类似，是通过快速的方法，使身体达到理想的状态。只是写侠客书的人们不能理解"练家子"的真正状态，就像最初的观众把魔术表现看神了一样，他们给武侠们进行了神话理解。

丹田是中国医学里的一个穴位。养生学中有意守丹田进行保养的方法。所谓意守，是可以引起一些相应位置的状态改变。比如，意想可以使手的血供改变，引起热感。在丹田也一样，能够起到一些良性的调解状态。至于气发丹田，实际上，就是状态好到可以使小腹帮助使力的状态。感受起来，好像用力是来源于小腹的感觉。如果真有所谓气发丹田，那还成了"气枪"了？实际上没有。

弄懂了"丹田"及"气沉丹田"与"气发丹田"的原理，那么怎样在路演演讲过程中气发丹田呢？主要还在于练习。古人说"练声先练气，练气练丹田"。运用丹田气演讲，可以让你的声音如洪钟响亮，富有磁性，还可以让你长时间讲话不嘶哑，不疼痛。下面，我们来看看"中国好音乐"歌唱练声的方法，从中或许能得到一些可以学习借鉴的方法。

声音应该以小腹为根源，想象声音透过后脊梁，到脑后，到口腔后根，整个声音应是竖立的，靠后的。请找一找这样的感觉：你咬一大口苹果，露出上牙齿，在一口咬下去的同时，发出"嗯"的声音，感觉声音在口腔后部和鼻腔上部的位置，这就是美声发声的一个共鸣点。接下来把气息下沉，小腹膨胀，稍在小腹用力一顶，在刚才的位置发声，男声喉结压下，女声多注重声音在脑后靠上的位置，你会发现声音比以前要大多了。经常靠墙练习有助于发声，因为靠墙可以接触你的后脊梁，让你更容易找到感觉，并且胸腔的共鸣能和墙产生共振，让你更容易找到胸腔共鸣的感觉。先从简单的练声开始，逐步升高音调，这样有助于练习高音气息；再从高往低练习，这样反复，总有一天你会找到感觉的。

美声讲究"通透"，经常想象自己的声音是竖立的，而不是扁平的；另外还讲究的是"共鸣"，声音通过胸腔或胸腔以上的共鸣后，会很圆润、饱满。要体会共鸣，你可以这样做：闭上嘴巴，发出"嗯"的音，稍带点深情的感觉，"嗯"的长一点，会感觉头和胸前在震动，如果气息好，这种共鸣会给你的声音添色不少。仔细听听一些高大的美国人讲话，就会知道什么叫胸腔共鸣了（外国人的胸腔结构更容易产生共鸣）。

另外就是肺活量，歌手演唱需要较大的肺活量，比如一些很长、不换气的某句旋律，一般人唱完以后面红耳赤、直喘粗气。肺活量要经常锻炼身体才能保持。在这方面，掌握一定的技巧可以弥补一些肺活量不足的现象。首先就要练气息，好的发声方法能很好地控制声音通过嗓门的流量，比如唱到"不怕你背叛我"这一句时，气息不稳的歌手可能一下就把"怕"字的音以爆破的方式唱出来，一下就把本来肺活量不足的气放跑了，如果后面有不换气的长句他一定感觉憋得慌。而气息功底好的歌手能控制这些爆音的流量，演唱时话筒也不会出现一些"噗噗"声。所以我建议大家练声的时候嘴前放一盏蜡烛，尽量练声时保持蜡烛不摇晃吧！这样你的气就会保持在你的体内长一些时间。想想你是一直往外呼气坚持得久还是憋住不出气保持得久呢？当然这还需要歌手要放松，不要紧张，一紧张，心脏跳动加快，你的气息就更稳不住了。

以上这些都是要靠感悟的。不过在这里需要提醒的是，练声是演唱流行歌曲的基础，千万不要用练声的方法直白地演绎流行歌，那样就过于做作。

如果中国好音乐歌唱练声的方法你学不来，这里再给出几种练丹田气的方法，掌握了这些方法，就不至于让自己因四处路演演讲而让嗓子坏掉。

第一，耳语法。这个方法既简单又实用。耳语法就是说悄悄话，一说悄悄话会感觉到小肚子有点累，紧绷的感觉，这就是气沉丹田。不信你就试下，是不是这个感觉？运用这个方法，相信你一定能体会到什么叫气沉丹田。

第二，夸张表情法。想一想什么表情最夸张？大笑、生气、惊讶的表情最夸张。当你哈哈大笑的时候，你会笑到肚子疼，丹田就位于肚子附近的位置，说明丹田发力了。当你很愤怒很生气地指责别人时，也会自然启动丹田。你用非常惊讶的表情说"哇，有没有搞错"时，你的小肚子是绷紧的，丹田也在发力。需要说明的是，夸张表情法不是练习的最好方法，这种方法只是能让你更好地体会丹田在哪儿。

第三，语音法。利用下面这几个音节 hai、ha、wu、si、te、ke，把手放在丹田位置或叉在腰上，循环发声，要一口气完成，时间越长越好。还可以用军训口号的"一二一""一二三四"来练习丹田发声，这种方法适合跑步健身时用，让自己边喘气边小声喊军号，效果也不错。

第四，数枣法。这是练习嘴形和气息的常用方法，大家可以试着练一下：出东门，过大桥，大桥底下一树枣，青的多，红的少，一个枣、两个枣……十个枣；十个枣、九个枣……一个枣；一个枣、两个枣……十个枣。如此循环，多多练习。

上面说了这四种方法，大家可以选择一种适合自己的。当然还有其他方法。非常重要的一点就是以上所有训练要一口气完成，而且要面带笑容。如果你结合着耳语法完成绕口令数枣，效果会更好。知道方法就要去做，不去做，永远学不会。

声：声情并茂、声若洪钟

发声讲究"声情并茂、声若洪钟"，这是路演演讲必须遵循的原则。事实上，任何一场成功的公众演讲，都是遵循这个原则的结果，因此有志于成功的演讲者必须牢记，把握其中的要领，用于实践当中去。

演讲中的"讲"就是我们发出的声音，演讲中的"演"就是我们实实在在的现场表现，包含手势、衣着、眼神等方面的肢体语言，这些部分组合得恰到好处的演讲就是成功的演讲。演讲既然是一个"演"与"讲"的过程，那么一场声情并茂的成功演讲，就需要"演"与"讲"的有效结合。从实践来看，在演讲中适时地赞美听众，能够获得共鸣和好感，是追求声情并茂效果的一个有效方法。在这方面，惠州的一位口才培训老师可以说是个榜样，这位老师在"美丽乡村·美好心灵"宣讲活动是这样说的：

"美丽乡村·美好心灵"宣讲活动自举办以来，得到了广大村民的喜爱。无论是年纪大到近九十的长辈，还是活泼可爱的小朋友，有老客家也有新客家，有惠州本地村民也有外地人士，有领导也有普通人，他们都怀着美好的心愿，希望惠州大亚湾能够在全省乃至全国做文明的带头人。在三门村宣讲的时候，村民代表们都提前 20 分钟到，特别有 3 位近 90 岁的老人，在宣讲中，不但认真听讲，还积极互动，虽然不怎么会讲普通话，甚至听的时候不一定听得很清楚，但他们全程认真聆听，还积极与宣讲人互动。他们说能过上这样的日子，还是党的功劳，他们经历了艰苦的大半生，所以来听宣讲也是很重要并且是很荣幸的事情。有村民代表听了一次还不够，还有听了两次、三次、四次的，真的是很让人感动！很多村民代表表示，这样的宣讲活动能够走进社区、乡村太好了，能够提升大家的精神文明、村民的素质涵养，如果能走进学校，走进孩子，那就更好了。

随着巩固文明成果和验收的临近，以宣讲方式为载体，"美丽乡村·美好心灵"宣讲活动为大亚湾人民提高全民素质水平，提升村民形象，做最美村民做了重要的工作。大家对巩固文明城市最真实的态度、最美好的期待都在这宣讲中得到了体现。

在演讲中，这位老师采用发自内心的赞美听众（村民）的方式，拉近了与听众的心理距离。演讲中那些中情中理的话语，一定是拨动了听众的心弦，激起了听众的共鸣，所以听众才对这位老师的演讲内容产生了浓厚的兴趣。

关于声若洪钟，著名作家王蒙先生曾说过演讲要声若洪钟。声若洪钟当然是中气十足的表现，是嗓音修炼和保护的结果，但也和坚持练习有关。比如找几篇或者几段文质兼美、气势如虹的文章，先默读，弄清思想、逻辑和情感脉络，然后大声朗读，注意抑扬顿挫，之后大声诵读，烂熟于心，最后快读，即使读得非常快，自己和别人也基本听得清为宜。假以时日，则口齿清晰，气流贯通，中气十足，始终声音洪亮，音色优美动听；不致出现中气不足的吞音现象，让听众有疲劳感。还有就是一边倾听那些政治家、演说家的声若洪钟、慷慨激昂的演说，一边模仿他们。当然，这方面训练的方法是很多的。

除了训练之外，演讲时有些细节也要注意。演讲之前不宜吃得太饱。饱食之后，人容易产生"饭醉"之感，影响敏捷思维，影响气流通畅。一定要站着演讲，保持运气自如；演讲时，上身适当前倾，保持腹部放松。坐着演讲，则气流不畅，自己和听众都容易疲倦。站着演讲，可以纵览全场，即兴调节内容、音量和演讲节奏，提升演讲的控场效果。

音：把握音量、控制节奏

音量和节奏是演讲发音时必须掌握的两个要领，路演演讲中同样需要掌握这两个要领。我国著名播音员夏青的声音浑厚、质朴、别具一格；与之齐名的葛兰的声音则亲切、悦耳、独树一帜。几十年来，他们的声音通过先进的传播手段，已经是家喻户晓、响彻四方。当然，发音是需要练习的，只有准确把握音量、有效控制节奏，才能使路演的演讲真正展现出语言的魅力。

把握音量主要是控制声音的大小。

演讲中声音的大小有两层含义：首先，演讲者发出的声音一定要让每个人都能听得清，不论有多少听众，演讲时你都要做到，让声音能传达到离演讲台最远的那一排听众。这样，你就会吸引场上每个人的注意力。当然，音响设备在这方面是你最好的伙伴，因此要提前认真检查，在会场内走走，看看是否有听不到声音的死角，要确保会场内各个地方的音响设备都安装妥当了。其次，演讲者的声音不仅要让每个人都能听得清，还应该努力让声音富有震撼力。人的声音就像肌肉，通过练习可以变得洪亮。通过不断的练习，许多人可以塑造自己的声音，让原本小声小气的演讲者说起话来更有震撼力，更有自信心。

一个人的声音音量与自己的肺活量有关，肺活量好那声音就平稳，相反则高低不平。为了让自己的音质好，共鸣强，歌手们每天可以花几个小时来练声，想要拥有出众的口才你要成年累月地练习。另外，声音和喉咙的生理特点也有关系。为了确保声音和咽喉能处于最佳的状态，可以做几件事。要想演讲精彩，声音有穿透力，体能是非常重要的。如果演讲时间较短，可以减少进食。这能保证你在演讲时充满活力，头脑清醒，使大脑处于最佳工作状态。如果演讲时间较长，比如说一场半天或者一天的研讨会，那就必须要吃得好。蛋白质是最佳选择，一份含固体蛋白质的早餐或午餐，能让你精力充沛地工作四五个小时。要保证嗓音尽可能处于最佳状态，在演讲前和演讲期间就只能喝些常温水。加了冰块的冰水会让声带受冷，减少声音中蕴含的热度，可能会导致嗓音出现问题。喉咙痛的时候就很难讲得清楚，无法让声音一直传送到最后一排。如果遇到这种情况，可以喝些热水，多加些蜂蜜和柠檬汁。

要想塑造声音，增强震撼力，最好的一个方法是大声朗读诗歌。选一首自己特别喜欢的诗，背诵下来，开车时或者散步时经常朗诵。朗诵的时候，想象自己正在一大群人面前进行戏剧表演。诗句朗诵要富有感情，充满力量，重点突出，彰显活力。语速要放慢，变换着重读一句诗中不同的词语，让整句诗产生不同的含义。想象一下这些词语就像是钢琴的琴键。每朗诵一句诗句的时候，逐个变换重读其中的词语。每次朗诵一首诗，就好像自己是站在舞台上朗诵，这样不但能把这首诗读得更好，而且真正登台为听众演讲的时候，也能讲得更好。

控制节奏主要是把握说话的语速。

语速，即讲话时声音的快慢，单位时间内所吐音节的多少。语速的变化也是表情达意的重要手段。演讲的速率一般可分为快速、中速、慢速三种。快速表示激动、欢快紧张、兴奋的心情。每分钟两百个音节以上，比如"快点儿，我要走了"。中速用于感情没有多大变化的地方，用于平时的场景描写，每分钟200个音节左右，比如"我等会儿再走"。慢速叙述平静、庄重的情景用来表示悲伤、沮丧的心情，每分钟100个音节左右。如果想知道自己说话有多快？可以自己计时算一下，在一段的开头做个记号，大声朗读一分钟，然后数数你读过的字数，一般应该是每分钟 150 字左右。正常谈话，每分钟大约能说 200 个字。

在正式演讲中，要求演讲者能够熟练地把握演讲时的语速，根据现场的实际情况、演讲的内容和其他因素适中地选择合适的语速演讲。首先，语速服从演讲内容。一般来说，说明性文字用正常语速；叙述性、描写性文字用较慢语速；议论、抒情性文字要或快或慢。

在《荷塘月色》中，朱自清先生不满社会的黑暗，内心苦闷，于是在夜深人静之时，去荷塘散心。这一段就应该采用一边叙述、一边描写的语速去读，把内心的苦闷宣泄出来。

这几天，心里颇不宁静。今晚在院子里坐着乘凉，忽然想起日日走过的荷塘，在这满月的光里，总该另有一番样子吧。月亮渐渐地升高了，墙外马路上孩子们的欢笑，已经听不见了；妻在屋里拍着闰儿，迷迷糊糊地哼着眠歌。我悄悄地披了大衫，带上门出去（慢速朗读）。

朱自清先生在寂静的荷塘并没有排解掉一腔的郁闷忧愁，又回到现实中来。心情由淡淡的喜悦转变为淡淡的哀愁，所以这一段应该这样读：

这时候最热闹的要数树上的蝉声与水里的蛙声。但热闹是他们的，我什么也没有（慢速朗读）。

前面一句表达淡淡的喜悦，语速要快一些；后一句表达淡淡的哀愁，语速要慢一些。体现了议论、抒情性文字的或快或慢。

其次，语速的快慢也要考虑到语言自身的形式特点。散乱的、冗长的句子和发音拗口的词汇不宜太快；而整齐的富有韵律色彩的语句，说得快些才听得顺耳。比如下面这段文字：

几千年了，"女子无才便是德""贤妻良母"这些传统观念的幽灵仍然在社会的各个角落里徘徊，它顽固地阻碍着当代社会女性的彻底解放！是母亲们天生愚笨，不堪造就吗？请看当今世界巾帼英雄吧（这段文字要慢，开头要更慢一些，因为它句子长，比较拗口）！

下面这段文字就要快一些，因为它是一组排比句。快，可以增加文章的气势：

冰心老人在三个孩子的啼哭声中辛勤笔耕，成为一代文学大师；琼瑶女士与狂赌丈夫分手后，怀抱着小女儿写下篇篇言情小说，终于名扬天下；第23届奥运会长跑冠军是两个孩子的妈妈；撒切尔夫人在丈夫的支持下，成为英国历史上第一位连任三届首相的"铁娘子"（语速应当快）。

演讲语速要做到快慢得体，缓急适度，快而不乱，慢而不拖，快中有慢，慢中有快，张弛自然，错落有致。这样，便能显示语言的清晰度和节奏感，使演讲具有音乐美。长时间的快，会"供过于求"，引起听众烦躁。听众不易全面了解内容，理解感情。一味缓慢则"求过于供"，引起听众急躁。听众注意力无法集中，情绪提不起来。另外，一些特殊停顿虽然在演讲中不是很常用，但演讲当中若能恰到好处地运用特殊停顿，不仅可以给听众提供思索的机会和回味的余地；还可以使听众去掉局促感，为听众留下必要的悬念；而对演讲者来说，也赢得了一个休息，调整情绪的时间。

第四章 路演呈现之第四步：肢体表达

演讲是一种综合能力的展现。要在短时间里把所要表达的思想传达给听众并触动听众的心灵，是一件难度很大的事，演讲者除了应具有深厚的文化底蕴、良好的心理素质和标准的普通话水平外，还要能辅以适当的肢体语言以更好地传情达意。不同的肢体语言有着不同的意义，如演讲者上身前倾，表示谦恭、热情，讲到高潮时的挥手、握拳等手势可能代表了力量、鼓励……这些都是加强语气、加深情感的宣泄。具体来说，肢体语言有五大功能：一是表露功能。即它可以表达口语难以表达的信息。二是替代功能。即它可以替代口语，直接与观众交流、沟通。三是辅助功能。即它可以辅助口语，使人"言行一致"，思想得以强化，被表达得更清楚、更深刻。四是适应功能。即它可以适应本人的心理、生理需要。五是调节功能。即它可以发出暗示，调节演讲时演讲者与观众之间的关系，使观众做出积极反应。体态语直接诉诸人们的视觉器官，在演讲过程中具有相当重要的意义。在本章中，我们讨论演讲中几个最重要的肢体语言：走姿、站姿、手势、表情和眼神。

走姿：展现你的动态美

通常演讲者的出场都是从后台走到讲台，虽然还没开口说话，但观众通过对演讲者走姿的关注就已经产生了"首轮效应"。心理学中，首轮效应称第一印象效应，也有人将首轮效应理论直接叫作"第一印象决定论"，这种印象的好坏，往往会直接左右着人们对事物的评价，因此，演讲者出场时的走姿会影响到后面的演讲效果，它的重要性可见一斑，演讲者不可忽视。

走姿是一种动态美。每个人都是一个流动的造型体，优雅、稳健、敏捷的走姿，会给人以美的感受，产生感染力，反映出积极向上的精神状态。演讲者在行走之时，应注意自己的仪态与风度，稳健、自如、轻盈、敏捷是仪态优雅风度不凡的体现。基本体态的要领是：两肩打开，肚脐眼向后贴，注意提收腹部、大腿以及臀部等肌肉，放松两肩，挺胸直背。

演讲者要做到正确而优美地行走，就应当注意下列几个步骤：一是走动时上体前驱，以腰动带动腿动和脚动。二是行进时应将腿伸直，而要做到这一点，首先要使膝盖伸直。三是行走时应上身挺直，并且始终目视自己的正前方。四是走路时应将注意力集中于后脚，并且使脚跟首先触地。女性穿高跟鞋的应全脚掌落地。五是步行时应保持相对稳定的节奏，不论是步幅、步速还是双臂摆动的幅度，均须注意此点。六是前进时应当保持一定的方向。从理论讲，男女行走的最佳轨迹应是平行线，女性的平行线应紧挨在一起。

另外，作为一个演讲者，平时在走路的过程中，要注意养成良好的习惯，克服一些不雅的仪态，如走路时左顾右盼；驼背弯腰缩脖摆胯；连蹦带跳手舞足蹈；等等。平时坚持不懈的地力，才能使演讲更加成功，这也表现了一个演讲者自身的修养水平。

站姿：塑造你的静态美

常言道"站如松"，是指站立要像松树那样端正挺拔。站姿是静力造型，显现的是静态美。站姿也是训练其他优美体态的基础，是表现不同姿态美的起始点。演讲者规范的站姿要求是：头正，两眼平视前方，嘴微闭，收颔梗颈，表情自然稍带微笑；两肩平正，放松并稍向后下沉；两臂自然下垂，中指对准裤缝；挺胸收腹腰正，臀部向内向上收紧；两腿立直贴紧，两脚跟靠拢，脚尖向外夹角60度。

演讲站姿有以下几种：

第一，前进式。这种姿势是演讲者用得最多、使用最灵活的一种站姿。左脚在前，右脚在后，前脚脚尖指向正前方或稍向外侧斜，两脚延长线的夹角成45度左右，脚跟距离在15厘米左右。这种姿势重心没有固定，可以随着上身前倾与后移的变化而分别定在前脚跟与后脚上，另外，前进式能使手势动作灵活多变，由于上身可前可后，可左可右，还可转动，这样能使双手做出不同的姿势，表达出不同的感情。

第二，稍息式。一只脚自然站立，另一只脚向前迈出半步，两脚跟之间相距约5厘米左右，两脚之间形成75度夹角。运用这种姿势，形象比较单一，重心总是落在后脚上。一般适应于长时间站着演讲中的短期更换姿势，使身体在短时间里松弛，得到休息。一般不长时间单独使用，因为它给人一种不严肃之感。

第三，自然式。两脚自然分开，两脚相距与肩同宽，太宽会影响呼吸和声音的表达，太窄则显得拘束。

此外还有立正式、丁字式等。

良好的站姿，应该是从侧面看，后脑勺、肩、臀部、后脚跟尽可能在同一条直线上。但由于生活中大部分人没有经过形体训练，因此会出现颈部前伸、驼背、胸部不挺括、塌腰挺肚、耸肩等形体毛病，通过训练才能从脊柱上给予调整，并消除这些问题。比如靠墙站，即背靠墙，尽量让身体的头部、肩、臀、脚后跟等部位贴向墙，每次站 10 分钟，可早晚练习；再如沉肩练习，即两腿分开，两手自然放在身体的两侧，感觉肩上有石头压着，尽量往下沉，两手尽量向下伸去摸膝关节，随时可练习。其实这方面的训练方法有很多，只要勤于训练并勤于演讲实践，你的站姿一定"站如松"。

在演讲中，如果在讲台后面，双手自然放在讲台两侧。如果没有的话，双手自然垂在身体两侧，也可以用手来操作媒体、握住提示卡、笔或是做手势等，无论在什么情况下，都不该把双手置于裤子口袋内，或是不自然地手臂交叉。

规范的站姿是经过训练培养出来的，其方法有很多，比如，把身体靠墙站好，使你的后脑、肩、腰、臀部及足跟均能与墙紧贴；头顶一本书站立，不让书掉下来；两位身高相近的人背靠背站立，在肩部和小腿处各夹一张纸且不能掉下来；等等。

手势：增加你的感染力

手势在演讲中是不可缺少的动作，是最有表现力的体态语言。它可以加重语气，增加感染力。在做手势的同时，要配合眼神、表情和其他姿态，尤其应注意配合内容特别设计，并反复训练，才能使动作自然流畅、大方。

先来看一下常见的手势及其作用。

手心向上，胳膊微曲，手掌向前伸出：表示激励、号召、请求、赞美、欢迎的意思。比如，"同志们，我们一定能够实现目标"，"希望同志们为把复旦大学建设成为世界一流大学而努力工作！"这类内容，就可以用这种手势。

手心向下，胳膊微曲，手掌稍向前伸：表示低调、停止、干掉、否认、反对、不喜欢的意思。比如，"同志们，低调，低调！""对待个人主义要像秋风扫落叶一样！""凡是敌人反对的都是我们应该坚持的。凡是敌人赞许的都是我们坚决反对的。"这类内容，就可以用这种手势。上述两种手势，是用单式还是用复式手势，可视具体情况而定。

两手由合而分：表示分散、分离、断开、无奈的意思。比如，"所谓天下大势，分久必合，合久必分！""这些人真不争气，我个人实在无能为力！""虽然做了许多工作，仍然是不见效的。最后他们还是分开了。"类似这样内容的，基本上都用这种手势。

两手由分而合：表示合作、凝聚、接触、见面的意思。"我们都是来自五湖四海，为了一个共同的革命目标，走到一起来了。""要协商，不要对抗，要合作，不要分裂。"凡是这类内容的，就可以用这种手势。

单式手势向前冲：表示激励、打击、前进、力量的意思。"朋友们，为了我们的未来，我们一起努力！""对各种分裂破坏行为，我们予以坚决打击、彻底粉碎！"手势就要紧密配合最后一句话，果断、猛力地向前方伸出去，给人一种信心和力量。

单式手势的推顶：手心向上表示力量和责任。"就是天塌下来，我们也能顶起来"；手掌向下，向后，则表示卑屑、消极、后退、黑暗的意思，如"这些乌合之众是成不了事的，早晚会被淘汰掉！"

再来看演讲中的手势。

加重语气时，可四指并拢，拇指自然分开，掌心向左，手腕伸直，使手与小臂成一直线，肘关节自然弯曲，大小臂的弯曲成45度左右。

抒发感情时，可单手应用也可双手应用。四指并拢，拇指自然分开，掌心向外（或向内），手腕向上，使手与小臂成140度，肘关节自然弯曲，大小臂的弯曲成 140 度为宜。由身体中心向两侧打开；朝一方向指去，可采用直臂式。四指并拢，拇指自然分开，掌心向左，手腕伸直，使手与小臂成一直线，屈肘从身前抬起，向应指向的方向摆去，摆到肩的高度时停止，肘关节自然伸直。眼睛也应朝指向的方向看去。握拳代表着力量，可有力度地将五指握紧，大小臂自然弯曲成 45 度。

鼓掌表示喝彩或欢迎，用右手轻击左手掌，掌心向上。两手自然下垂：掌心朝向身体，中指对准裤缝，但不要紧贴在大腿上，距离一厘米左右即可。双手相握：两手五指自然相握，置于胸前或腹前即可。

在演讲过程中，无话筒时，两手交叉放在腹部，或者双手自然垂放于身体两侧，有话筒时，左手或右手握话筒，话筒离嘴 1～2 厘米，话筒与身体所成的夹角为 20～30 度。不要双手握话筒。不要使话筒翘起来。

切忌：单调重复同一手势；敲桌面；玩弄 MIC 的线；玩弄或挥动白板笔；抓裤、拉衣、玩戒指。

下面是提供几个常用手势动作配合演讲内容的练习方法，供参考：

伸手表示请求、交流、许诺、谦逊、承认、赞美、希望、欢迎、诚实等意思。方法训练："人活在世上，谁不希望自己的一生过得有意义、有价值一些呢？""自己活着，就是为了使别人生活得更美好。"

抬手表示号召、唤起、祈求、激动、愤怒、强调等。方法训练："尊敬的各位领导、各位来宾，大家早上好！""给人民当牛做马的人，人民把他抬得很高很高。"

举手表示行动、肯定、激昂、动情、歌颂等。方法训练："人生的价值在于奉献，生命的真谛在于创造！""经验证明，能使大多数人得到幸福的人，他本身也是幸福的。"

挥手表示激励、鼓动、号召、呼吁、前进、致意等。方法训练："努力吧！奋斗吧！我们的明天一定会更加美好！""同志们，朋友们：让我们在爱国主义的旗帜指引下奋勇前进吧！"

推手表示坚决、制止，果断、拒绝、排斥、势不可当等意思。方法训练："不！不能这样！这不是我们的逻辑！""谁不属于自己的祖国，那么他也就不属于人类。"

压手表示要安静、停止、反对、压抑、悲观或气愤等。方法训练："时间就是生命，无端地浪费别人的时间，无异于谋财害命。""谁若把金钱看得比荣誉还尊贵，谁就会从高贵降到低贱。"

摆手表示反感、蔑视、否认、失望、不屑一顾等。方法训练："一个人的价值，应该看他贡献什么，而不应当看他取得什么。""凡在小事上对真理持轻率态度的人，在大事上也是不可信任的。"

表情：体现你的情商高

面部表情丰富多彩，可以说是另一种深刻、直观的表达方式，甚至比语言、手势等表达效果更好。法国作家、社会活动家罗曼·罗兰说："面部表情是多少世纪培养成功的语言，是比嘴里讲的更复杂到千倍的语言。"有人曾问古希腊最伟大的演说家德摩斯梯尼："对于一个演讲家，最重要的才能是什么？"德摩斯梯尼回答："表情。"又问："其次呢？""表情。""再其次呢？""还是表情。"由此可见表情在演讲中的重要作用。那么我们在演讲中该怎样运用表情呢？

面部表情包括眼神、眉目、脸部、口唇等。它主要是指演讲者通过自己的脸、嘴和眉目所表达出来的感情。人的面部表情是十分生动、丰富和复杂的。根据生理学和神经心理学研究，人的喜、怒、哀、乐等复杂感情在脸上的表露，都是由面部二十四双肌筋的交错收缩与放松而造成的。比如面部肌肉绷紧，多出于严肃、庄重、愤怒、疑问、不高兴的时候；相反，面部舒松则表现一种平易、和蔼可亲、取信于人、理解、友善、感激等感情。

面部表情必须遵循三项原则：一是准确。面部表情作为一种演讲表达的形式，首先应与实际内容和现场气氛相统一；其次面部表情的变化要与演讲者的意图相吻合。二是自然。要自然真诚，发自内心，尽量保持日常生活中的自然性。三是既要有灵敏感和鲜明感，又要有真实感和艺术感，但不要刻意追求演员式的表情。

需要特别强调的是，微笑是演讲中面部表情的核心。微笑是一种良性的脸部表情，能反映出一个人的内心世界，是自信的标志，礼貌的象征，涵养的外化，情感的体现。在演讲中微笑可以象征性格开朗与温和，可以建立融洽的气氛，消除听众抵触情绪，可激发感情，缓解矛盾。

在演讲中微笑，在微笑中演讲，很自然地，你的听众会感到满意并且认为你对自己所做的事情胸有成竹。在演讲的时候，一个真诚、优雅的微笑，是建立和蔼形象的好办法。

当然，演讲中并不一定总是露齿大笑，这要取决于你演讲的主题。如果你是在一个葬礼上宣读悼词，那就千万不要满脸笑容。但是，也不要因为你的演讲主题是严肃的而神情呆滞。要让你的听众看到你的笑容和表情的变化。在正确的地方微笑，在批评的地方要转换成严肃的表情。这种对比如果能做得很自然，那么就可以起到强调你的观点的作用。

以下是某培训机构老师总结的训练微笑的方法，供大家参考：

第一阶段是放松肌肉。放松嘴唇周围肌肉是微笑练习的第一阶段，又名"哆来咪练习"的嘴唇肌肉放松运动，是从低音"哆"开始，到高音"哆"，大声地、清楚地每个音说三次。不是连着练，而是一个音节一个音节地发音，为了正确地发音应注意口型。

第二阶段是给嘴唇肌肉增加弹性。形成笑容时最重要的部位是嘴角。如果锻炼嘴唇周围的肌肉，能使嘴角的移动变得更干练好看，也可以有效地预防皱纹。如果嘴边儿变得干练有生机，整体表情就给人有弹性的感觉，所以不知不觉中显得更年轻。伸直背部，坐在镜子前面，反复练习最大的收缩或伸张。

张大嘴：使嘴周围的肌肉最大限度地伸张。张大嘴能感觉到颚骨受刺激的程度，并保持这种状态 10 秒。

使嘴角紧张：闭上张开的嘴，拉紧两侧的嘴角，使嘴唇在水平上紧张起来，并保持 10 秒。

聚拢嘴唇：在嘴角紧张的状态下，慢慢地聚拢嘴唇。出现圆圆的卷起来的嘴唇聚拢在一起的感觉时，保持 10 秒。

保持微笑 30 秒。反复进行这一动作 3 次左右。

用门牙轻轻地咬住木筷子。把嘴角对准木筷子，两边都要翘起，并观察连接嘴唇两端的线是否与木筷子在同一水平线上。保持这个状态 10 秒。在这一状态下，轻轻地拔出木筷子之后，练习维持这一状态。

第三阶段是形成微笑。这是在放松的状态下，练习笑容的过程，练习的关键是使嘴角上升的程度一致。如果嘴角歪斜，表情就不会太好看。练习各种笑容的过程中，就会发现最适合自己的微笑。

小微笑：把嘴角两端一齐往上提，使上嘴唇呈现拉上去的紧张感。稍微露出 2 颗门牙，保持 10 秒之后，恢复原来的状态并放松。

普通微笑：慢慢使肌肉紧张起来，把嘴角两端一齐往上提，使上嘴唇呈现拉上去的紧张感。露出上门牙 6 颗左右，眼睛也笑一点。保持 10 秒后，恢复原来的状态并放松。

大微笑：边拉紧肌肉，使之强烈地紧张起来，把嘴角两端一齐往上提，露出 10 个左右的上门牙，也稍微露出下门牙。保持 10 秒后，恢复原来的状态并放松。

第四阶段是保持微笑。一旦寻找到满意的微笑，就要进行维持该表情至少 30 秒的训练。尤其是照相时不能敞开笑而伤心的人，如果重点进行这一阶段的练习，就可以获得很大的效果。

第五阶段是修正微笑。虽然认真地进行了训练，但如果笑容还是不那么完美，就要寻找其他部分是否有问题。但如果能自信地敞开地笑，就可以把缺点转化为优点，不会成为大问题。比如，嘴角上升时会歪。两侧的嘴角不能一齐上升的人很多，这时利用木制筷子进行训练很有效。刚开始会比较难，但若反复练习，就会不知不觉中两边一齐上升，形成干练而老练的微笑。再如，笑时露出牙龈。笑的时候露很多牙龈的人，往往笑的时候没有自信，不是遮嘴，就是腼腆地笑。自然的笑容可以弥补露出牙龈的缺点，但由于本人太在意，所以很难笑出自然亮丽的笑。露出牙龈时，可以通过嘴唇肌肉的训练弥补。

第六阶段是修饰有魅力的微笑。多练习就会发现自己拥有有魅力的微笑，并能展现出来。伸直背部和胸部，用正确的姿势在镜子前面边敞开笑，边修饰自己的微笑。

为了让大家更形象地学习，下面给出一个筷子训练微笑的方法：

第一步，用上下两颗门牙轻轻咬住筷子，看看自己的嘴角是否已经高于筷子了。第二步，继续咬着筷子，嘴角最大限度地上扬。也可以用双手手指按住嘴角向上扬，上扬到最大限度。第三步，保持上一步的状态，拿下筷子，这时的嘴角就是你微笑的基本脸型，能够看到上排 8 颗牙齿就可以了。第四步，再次轻轻咬住筷子，发出"yi"的声音，同时嘴角向上向下反复运动，持续 30 秒。第五步，拿掉筷子，察看自己微笑时基本表情，双手托住两颊从下向上推，并要发出声音反复数次。第六步，放下双手，同上一个步骤一样数"1、2、3、4"，也要发出声音，重复 30 秒结束。综上所述，对称性的、嘴角上翘的、发自肺腑的微笑是最真诚的微笑！

眼神：反映你的素质好

有效充分的眼神接触是一个专业的演讲者所要具备的素质，好的眼神接触可以有助于把你的信息传递给每一位听众。学会扫视你的观众。眼睛要慢慢地从一个人移到另一个人，在每个人的身上停留 2~3 秒的时间。这可以使得你的演讲更像是一对一的交谈。眼睛直视观众，可以建立起你们之间的信任。如果你做不到，那你可以看着他们的鼻梁或者他们的下巴，效果是完全一样的，在别人看来，就像是你直接望着他们的眼睛。如果听众中有人可能会威胁到你的演讲，或者使你感到信心不足，那就不要去看他们，直到你有足够的信心，而且是在你的演讲进行得非常顺利的时候。

演讲中运用眼神接触的技巧是很重要的，可以加强你的信心，帮助你建立一种和蔼可亲的形象。先是找到那些看起来比较友善、比较热心的听众，朝他们微笑，把他们一个个地争取过来。然后，目标转向那些对你表示怀疑的听众，把他们也争取过来。你的听众会用你看他们的方式看着你，如果你微笑，他们也微笑；如果你皱眉，他们也会皱眉。如果当你对眼神接触感到紧张，大多数演讲者往往是在演讲开始时感到紧张，有一个好办法就是运用你的想象力，想象坐在你面前的都是木偶，特别是当听众都是大人物时。

关于演讲中眼神的运用，这里有一首有趣的"哲理诗"，可以作为练习的考量：天真的眼睛到处看到朋友；阴沉的眼睛到处看到敌人；恐惧的眼睛到处看到陷阱；贪婪的眼睛到处看到黄金；忧愁的眼睛到处看到凄凉；欢笑的眼睛到处看到光明。

第五章　路演呈现之第五步：应对突发

路演活动就算你准备得再充分，现场也可能发生一些突发情况，比如设备突发故障，或者你觉得有一些提问或观众反应是不理解、不看好、不相信你的创业项目和创新理念的，等等。因此，为了保证路演活动的顺利进行，必须制定路演现场特殊事件应急预案，针对不同突发情况采取有力的措施予以处理，还要掌握路演演讲中的一些技巧。

路演现场应急预案主要内容

制定路演现场特殊事件应急预案是使路演顺利进行的重要保证。下面来看看都应该制定哪些应急预案及它们的主要内容。

现场人员财物丢失被盗应急预案主要内容：凡属现场人员钱物被盗或丢失应马上向管理人员反映；安抚客户情绪，积极配合，描述事件详情，并做好详细记录；安排工作人员积极寻找丢失物品；如不能解决，则尽快拨打"110"备案；等等。

火灾应急预案突发火灾应急措施主要内容：当确认发生较大火灾时，工作人员应做好准备，协助做好紧急救火措施并拨打 119，工作人员需在现场发送疏散指令，安全出口工作人员负责引导现场；人员按顺序及时逃离现场，防止踩踏事件的发生；等等。

医疗安全隐患及准备的主要内容：工作人员提前准备简单的常备药品（藿香正气水、创可贴）；出现伤员、急病、中暑等病人，联络区域负责人，遵从指示行动；安排工作人员在场地门口引领救护人员在最快时间到达现场；如遇客户突发急病，应马上拨打"120"，以最快速度联系医院进行人员的急救；活动期间主持人随时提醒台下观众注意安全；等等。

遇突发天气原因的应急预案主要内容：根据路演执行表关注天气预报做好活动时间安排；如遇阴雨天气，工作人员应尽快停止现场活动，并使用雨布对设备进行保护，以便后续活动正常进行；如遇大风天气，工作人员应第一时间暂停现场活动，并对活动设备进行加固；如不能解决，则应第一时间告知公司情况，视情况决定是否告知客户并向客户详细解释情况及原因；为防止活动当天出现天气问题，我们必须提前关注天气状况，为现场工作人员准备雨具，如礼品伞、雨衣等，并把露天的物料转移到帐篷内，使活动能够继续进行；等等。

因不可抗原因导致场地变更的应急措施：除了已经选定的场地外，还应该选择一个备用场地；如因国家、地方政府、居委会等方面临时征用场地，导致活动无法正常进行的，应及时与客户沟通，协调解决问题，如更换场地；提前做好排查工作，便于遇突发情况时临时更换场地；等等。

出现火灾、地震、楼道拥挤踩踏事件等，项目安全应急领导小组应根据情况立即启动相关预案：一旦发生意外伤害事故，首先发现者立即报告项目安全工作应急领导小组。报告内容必须准确全面，要包括具体时间、地点、简要情况；迅速组织人员抢救伤员，根据情况拨打120将伤员送到医院；迅速组织客户群有序撤离突发事故现场，清点统计人数；迅速划定现场保护范围，严禁无关人员进出；必要时与当事人员的家属及区政府职能部门，如公安、交警、消防、公共卫生部门等取得联系，协助好救援工作；应急领导小组必须及时报告上级主管部门事故发生的时间、地点、伤亡人数、事故的简要经过、事故发生的原因、事故发生后所采取的措施等；当事故情况发生变化如伤亡人员发生变化时，由领导小组及时向上级主管部门进行补报；采取有效的措施，做好最后的安抚工作，并尽快恢复正常的工作。

明确注意事项：应急行动中每个小组要密切配合，服从指挥，确保救助工作的畅通和落实；维护治安秩序、做好治安事故和突发事件的处置工作；保障活动场地所有通道、出入口畅通；参加路演活动的工作人员应当遵守纪律、忠于职守、尽职尽责、做好安全保卫工作。

制定路演现场特殊事件应急预案是为了避免和有效处理特殊事件，因此从预防的角度来讲，一定要强化安全预防措施：一是加强路演工作人员的培训工作。二是案例或者相关的渠道对路演进行突发事件的预防知识宣传培训，加强应对突发事件的训练工作。三是加强对活动场所设施的隐患排查，及时消除隐患。四是每次活动前准备所需药品，做好后勤保障。五是统筹组支持统一调度，做到明细分工，责任到位等。随时注意活动现场的观察，掌握消费者动向。六是活动开展前，必须对工作人员进行相关的工作岗位培训，强调责任和工作态度，使相关工作人员明确活动目的和过程，了解活动要求和注意事项，清楚紧急情况下的一般处理措施。

下面不妨来看一个某镇商品巡演活动应急预案的案例：

为维护活动期间会场秩序，规范各商家摊位摆放位置与商家个人财物的安全，杜绝恶性事件、事故的发生，特制定以下应急工作预案。

一、应急工作小组

组长：

组员：

二、应急预案具体措施

（一）防范会场场面拥挤

1. 应急工作小组人员来回巡视，及时疏导和控制人群，防止人群冲击摊位或者会场。

2. 活动周边挂警示牌，有专人负责注意来往车辆，与参加活动的村民进行沟通，安全停车，避免发生意外事故。如有紧急情况，及时分流疏散人群。

3. 活动中注意来往人员，防止偷、抢事件的发生。如有情况，及时制止并报警。

4. 散场时，疏散人群，指导离开，并帮助商家整理看管商品。避免发生特殊情况，及时制止。

5. 遇见突发事件，情况汇报流程如下：通知应急工作人员→应急组组长→活动组织负责人。

6. 如遇突发事件，应急小组人员立即到达事发现场，采取果断有效措施，运用相应的对策尽快解决，防止事态扩大。

（二）防范会场安全与设施的可用性

1. 会场用电与网络使用情况，提前联系附近商家，准备好备用电源及无线网络。

2. 天气情况，夏季天气炎热并且晴雨难判，提前准备好遮阳伞与避雨设施，以防造成损失。备好中暑药品与绿豆汤，预防突发中暑事件。

3. 天干物燥，防范火灾。严查会场裸露电线及电器使用情况，规划人员的吸烟区域，并准备好灭火器材。

4. 如发生火灾，则立即切断火、电源，防止事故蔓延，并由工作人员疏散人群。根据火场情况，采取灭火施救措施。

5. 如发生火灾并且火情无法控制，立刻拨打"119"电话报警。

（三）人员突发特殊状况及伤亡

1. 应急小组第一时间赶赴现场组织指挥，并向活动负责人通知情况。

2. 当事故发生并造成伤亡，应急组长及时向活动负责人报告，并立刻拨打"120"和引导救护车，其余人员立即组织抢救。

3. 如活动当中有人中暑或突发其他疾病，视情况而定，将病人送往附近的诊所或者拨打"120"。会场组织人员配置简易药箱。

4. 突发事件后，工作人员做好善后与安抚工作，保证活动的正常运行。

路演突发事件类型及处理

突发事件因为令人措手不及而等同于危机。所谓危机，就是危险加机会，从理论上来说，危险可以防患但不能完全避免，但只要充分考虑周全，带着强烈的责任心去直面危险、化解危险，就能把危险降低到最小程度，甚至转危为安而使活动大放异彩。将危机转化为机会，无疑将得到活动主办方的高度认同与尊重。

那么，在路演活动中都有哪些突发情况带来的危机？又如何将这种危机转化为机会，让路演取得最终的成功呢？下面是总结的路演突发事件问题类型及处理方法。

第一，设备故障或电力中断的处理方法。在活动上演过程中偶尔会遇到设备故障和电力中断的情况，特别是一些中小型的活动，由于设备不够专业而出现现场设备故障，其中音响系统出现故障率最高。各品牌的音响系统由于价格悬殊其质量也不一样，一套小型的用于会议的小品牌的音响系统价格低，其质量自然没有保证，这样在活动上演阶段便可能出现一些故障，甚至出现因为使用过久被烧坏的可能。而一套大型的专业级的音响系统的投入少则好几百万元，大则上千万元的都有，这样的专业设备只要有专业人士在现场负责使用通常保险系数极高。面对这些突发事件，作为有经验的专业路演人员都会按照预案采取措施，通常在现场都有备份设备，以确保万无一失。如果断电、跳闸，要及时启用备用电池继续路演；主持人利用扬声器继续活动，吸引观众直至危机解除。

第二，因嘉宾及演员临时缺席而导致节目流程更改的处理方法。大型节庆的嘉宾和演员通常是不到最后一刻很难最终确定，出席嘉宾的更改可能衍生出一系列的节目流程问题。某公司有一次搞路演活动曾经出现过这样的问题，原定出席活动并宣布活动开幕的省领导因为临时改变行程而取消了本次活动出席，但由于主办方和活动执行方及主持人在衔接上出了沟通上的问题，活动上演的时候主持人还是照本宣科地说"有请×××领导宣布开幕"，最终上演了极其尴尬的一幕。演员也可能因为航班等原因无法赶到节目现场。出现这种情况，便需要对现场的流程进行重新调整。

第三，气候突变使路演活动受到影响的处理方法。气候变化引起的突发事件小则可能使现场出现混乱，大则可能出现安全事故，比如因下雨导致的现场线路漏电，因刮风导致舞台及灯光架坍塌等重大事故。这就需要在活动前有足够的准备。对于任何一场活动，专业的活动人员都会做好防范风雨天气的措施，比如对灯光、音响、电视录制设备等进行防雨处理，对灯光架进行加固。同时需要仔细查看近期天气预报。

第四，冷场的处理方法。面对冷场，现场工作人员在路演周边散发宣传单，引导入场，安排节目互动暖场，及时调整活动方案，业务小组对周边商户进行拜访或转向周边零散人群营销。

第五，现场人员疏散与人流管理方法。关于人员疏散，要提前预估人流量，根据现场人流量随时调整活动现场，如发生突发状况，现场人员拥挤，活动现场混乱等，抽调工作人员进行疏散，以现场负责人为疏散组组长。现场所有工作人员为疏散组组员，每人负责疏散 20～30 名现场观众。疏散人员要理智冷静地对待，请场地所有人出面帮助协商解决，如难以控制，则迅速报警或者呈上处理。关于人流管理，要在现场准备隔离带等相应工具，必要时能够对现场人流进行管理疏导；安排现场维持秩序的工作人员若干名。

第六，安全事故处理方法。为防止意外事故的发生，现场设置保安人员，工作人员要注意扒手、互动游戏的安全性，如果人特别多可以控制游戏互动和礼品发放；如果出现安全事故，则迅速和场地负责人取得联系或报警。

第七，活动后垃圾处理。安排现场工作人员，在活动结束后，马上进行打扫，并运走垃圾，使活动现场恢复原貌。

需要强调指出的是，在路演活动过程中，一个突发事件的出现不仅考验团队的应变能力，更是考验团队的协作能力和坚持不懈的精神。其实，任何突发事件都是有办法化解的，靠什么化解？一个是靠应变，另一个就是靠团队的一种合作和执着的精神，正所谓事在人为，任何突发事件我们都要去面对而不是回避，这也是在活动中要坚持的、在执行过程中要尊崇的一种理念。

路演演讲中必须知道的小技巧

掌握路演技巧，可以活跃现场气氛，从一定程度上消除一些不必要的隐患。从这个意义上说，掌握路演技巧也是应对现场突发状况的一种手段。

路演演讲中涉及的技巧包括很多方面，下面就几个关键点进行一下举例分析。值得注意的是，这几个关键点在罗永浩的演讲中常常表现得异常充分，下面就来看看。

第一，演讲中途的休息和停顿。坦白说，无论你多么能说会道，你也很难让你的观众长时间地将注意力集中在你身上。人的大脑很难在一件事物上保持长期的注意力，它太容易疲倦，也太容易走神了。一旦你的讲述超过一定时间，观众就会开始感觉无聊、困倦、不断低头看时间。解决问题的方法是，你需要不断给观众提供新的刺激，刺激他们容易疲倦的大脑。

罗永浩在他的演讲中，不断穿插着产品的现场演示、邀请嘉宾上台分享、视频短片的播放等环节。这些环节的作用就是帮助演讲者不断刺激观众大脑的活跃度，让他们保持兴奋。

第二，产品的现场演示。产品的现场演示不仅仅是把产品拿出来让大家看看而已，如果能当场进行操作，会让观众更真切地了解到你的产品究竟是什么样子。人们常说"耳听为虚，眼见为实"，这就是说，无论你自己怎么描述你的产品有多好，亲眼看到的东西要比口头的描述生动得多。

在2013年锤子SmartisanOS系统的发布会上，罗永浩现场演示了其操作系统动人的交互效果。在演示闹钟交互的过程中，突然出现了名为"黄章"的来电，罗永浩顺势以其独特的幽默调侃了一番。"哦，有人打电话，哦，相信这个是科技行业的同行之间友好的一个问候是吧。喂，喂喂喂……怎么敢打电话不敢说话？好，当然了你们也知道这是我安排工作人员做的，不是真的黄章，是吧，黄章怎么敢给我打电话。"

乔布斯在其演讲中也多次进行产品的现场演示。在 2007 年的 iPhone 发布会上，乔布斯用 iPhone 演示播放了红辣椒乐队的一首歌曲，这时，苹果公司的副总裁 Phil Schiller 打入电话，乔布斯当场接起了电话，向观众演示 iPhone 的通话效果。

不难发现，罗永浩和乔布斯两个人的一些做法很相似。这些剧情当然离不开精心的设计和安排，但起到了非常好的戏剧性效果。

第三，邀请嘉宾，分享舞台。在演讲中邀请各种各样的嘉宾走上台来分享舞台，会让整场演讲更富有趣味性和期待感。

罗永浩在 2012 年北展演讲时，张玮玮、郭龙、许岑现场演唱《米店》，这些嘉宾，无论是进行口头分享，还是为观众带来现场的音乐表演，都让整场演讲趣味横生，充满期待。

第四，分享视频短片。许多有经验的路演人员在演讲中都与观众分享团队精心制作的视频短片，比如有的是纪实性的短片，有的是宣传性的广告，还有的是合作厂商的录像。凡是看过这种演讲的朋友，都应该对这些视频有着深刻的印象。

罗永浩在分享这些精心制作的视频的时候，往往喜欢"再播一遍"。这个做法也可以在乔布斯的演讲中找到踪迹。

在 2008 年 6 月的苹果公司全球开发者大会中，乔布斯现场播放了一段 iPhone3G 的广告，在广告结束之后，乔布斯笑着说："想再看一遍吗？我们再放一遍，我特别喜欢这个广告。"

第五，权威媒体的推荐背书。互联网时代，口碑是最有效的营销工具。

在罗永浩的演讲中，多次引用了媒体对其产品的正面评价，作为品牌的背书。

　　在坚果手机文青特别版的发布会上，罗永浩就引用了多家科技媒体对坚果手机的报道。瘾科技认为，在笔者经手过的千元机中，坚果是至今为止最漂亮、最精致的一款。坚果从内到外都透露着不曾在这个价位档中出现过的精致。腾讯认为，从外观设计到硬件参数再到操作系统，坚果都有出色的表现，尤其是外观、工艺和手感，都在千元机平均水准之上。网易则说，坚果手机将会是千元机市场的一针强心剂，毕竟锤子对于系统的执着，是一种情怀，更是一种品质。在电脑之家看来，就真机手感来说，该机不会出现同价位竞争对手所出现的廉价感，整体感觉在控制成本的同时在产品细节方面刻画得非常到位，这或许就是罗永浩一直没有放弃的工匠精神。

　　第六，超乎观众预期的惊喜。罗永浩的演讲中会故意设计一些给观众惊喜的桥段，将整场演讲的气氛推向高潮，让人们在事后仍不断反复谈论。关于惊喜，下面举两个例子：

　　罗永浩在2012年《一个理想主义者的创业故事3》前，就将演讲剩余的二三十张票提高成了1000块钱一张，但是只卖出了6张票，在这次演讲的开头，罗永浩宣布在未来会向购买1000元高价票的6个人每人赠送一部自己开发的手机。

　　在2014年锤子T1发布会上，罗永浩先提出一个问题——"怎样把一部4000元的手机在中国卖得特别好？"在进行了两个小时左右的对手机的介绍之后，罗永浩公布问题答案是"只卖3000元！"这时，全场陷入大笑、掌声和欢呼声中。

　　第七，极简风格的幻灯片。罗永浩演讲中使用的幻灯片与乔布斯所使用的幻灯片风格相同，都是极简风格的幻灯片，绝大部分幻灯片上，每张只有简单的一个标题或者图片。如果你也想用幻灯片来配合演讲，请使用简单的幻灯片，不要有太多字，否则大家无法集中精神在你的讲述上。

回想一下上学时期，我们每节课几乎都在匆匆忙忙地抄写老师在黑板上写下的笔记，甚至都无暇去听清楚老师究竟在讲什么。所以，不要在幻灯片里出现大段的文字来分散观众注意力，只需要简单醒目的图片和符号就好。

除了上面提到的七个技巧，还有其他的技巧可以学习，如麦克控场、走动控场、转换概念等，这里就不一一述及了。学习是一件无止境的事情，有心人自然会积极地去掌握这些知识。

第六章　路演呈现之第六步：反思改进

路演呈现后的反思改进对下次路演活动无疑是不可或缺的一个重要环节。有反思才会发现问题，有改进才会有新的收获，回忆之前路演活动中的种种，虽然会遗忘一些细节，但也应该知道哪些事情做得还不够好，哪些事情需要怎样的改正才能做得更好。为此，反思改进工作需要从四个维度来进行：评估准备工作，提供策划借鉴；评估执行过程，看细节看费用；评估路演效果，总结经验教训；反思问题原因，提出改进建议。为了更好地把这四个维度展示给大家，本章结合2016年4月某品牌的瓜子连云港促销活动评估报告来进行阐述。该报告包括准备工作评估、执行过程评估、活动效果评估、问题的原因及改进建议四部分内容。可以将这四部分作为路演活动效果评估的一个参照，把它们当作四个模块来看待。首先要说明的是，该报告的四部分内容作为四个模块运用到路演效果评估中，并不是完全按照报告的内容进行，而是要根据项目方的具体情况而定，四个模块只是涵盖了路演效果评估的四个方面而已。

评估准备工作，提供策划借鉴

每一次路演活动的准备工作都不会百分之百地保证路演活动的成功或者

失败，都会在活动中暴露出一定的问题，所以评估路演准备工作是至关重要的。它可以为我们在今后的活动策划提供经验和教训。某品牌瓜子连云港促销活动评估报告中的准备工作评估内容如下：

准备工作计划：

（1）活动参与人员。①活动责任人：副总监、省区经理；②活动执行人：连云港销售主任及8名临时促销员；③活动监控：市场中心。

（2）活动准备事项。①安排4个兑换点：家得福超市、保真超市、新一佳、江苏时代；②条幅绶带各8条；③经销商提供送货车1辆；④该品牌产品2万袋；⑤兑换登记表；⑥促销人员招聘培训；⑦活动广告设计。

（3）报纸刊发。报媒的活动宣传广告于4月15日在《苍梧晚报》A4版刊出，报纸的发行量为6万份。

准备工作评估：整个活动的前期准备工作均依据方案于4月17日活动开展前准时安排到位，包括人员、物资、媒体宣传等；各岗位人员及时到位，除活动执行人临时调整外，可以说活动的准备工作是按照方案百分百地执行的，同时华东区副总监忙里抽闲亲自前来督战指导，鼓舞了销售人员的士气，增强了客户的信心。前期充分的准备为活动的正常开展提供了坚实基础。

该品牌促销活动评估报告中的准备工作评估让我们联想到本书第二模块中"直指人心的路演设计"的所有内容。第二模块的宗旨是"要想路演收效，先做路演设计"，强调在设计路演目标应该详尽，那么路演活动效果评估的标准应该主要围绕着预期的目标来制定。这也应了第三模块开篇的那句话：路演呈现是路演设计的最终展现，科学合理的路演设计加上精彩的呈现，才算一个成功的路演。

评估执行过程，看细节看费用

评估执行过程，就是对路演活动的整体执行情况进行描述，主要包括活动中的细节和整个活动中各项费用的实际支出情况。前文中的某品牌促销活动评估报告中的执行过程评估内容如下：

活动执行计划：

第一，人员安排。此次活动 8 名促销人员负责兑换，每个兑换点 2 人。市场中心人员负责巡检，销售主任负责货物配送和补给。

第二，物品配送。物品的配送原计划是于 4 月 16 日活动前一天送到卖场，后由于和卖场没有协商好，导致配送时间调整为 4 月 17 日 8：30 前。实际执行中，除江苏时代按要求到位之外，其他的 3 个点兑换产品均未及时配送到位。

第三，兑换流程。活动的兑换工作依据流程执行，1 人负责登记，1 人负责兑换。促销人员按要求填写表格。

第四，活动交接。依据活动的开展情况，为了按时完成兑换工作，销售主任负责活动结束后和促销人员在兑换数量上的核对和报纸广告的回收，整个活动结束时间为 19：00。

第五，活动核准。4 月 18 日，市场中心负责整个活动执行的核准工作，包括兑换数量上的核对、表格的审核、报纸广告的回收。

活动执行评估：整个活动的执行过程中在很多细节上出现了很多问题，给活动的顺利开展和活动的效果都产生了不小的影响。首先，兑换产品及条幅、绶带、表格没有在活动开展前配送到位，导致活动无法按报纸广告传达的时间按时开展，使卖场和前来兑换的消费者都产生了一定的不满，造成了一定的负面影响。其次，招聘的促销人员素质、仪容参差不齐，没有经过严格的筛选，导致部分人员在工作期间工作散漫、擅自离岗、形态随意，严重地影响了公司的品牌形象，在消费者心中产生了无法磨灭的不良影响。再次，和促销交接工作较为混乱，没能做到清晰明了，严重影响了后期核准的效率。最后，兑换点的安排考虑得欠周全，导致中午太阳强烈时不得不改变兑换点，改变后的位置在一定程度上影响了宣传的效果。另外，在活动费用方面，预算的各项费用合计18230元，整个活动中实际支出16367元。本着节约的原则，为了节约活动费用，条幅和绶带是从济南带过来进行重复利用，兑换的产品也做到不流失一袋。

从该品牌瓜子连云港促销活动评估报告的执行过程评估内容来看，执行的细节对活动是有很大影响的，另外费用方面也必须考虑，不管怎么说，增加了活动成本都不是一个值得肯定的事情。毫无疑问，这些对提升一个团队执行力都具有一定意义，也为下一次路演提供了宝贵的经验。

评估路演效果，总结经验教训

活动效果评估主要看影响、品牌提升、销售额或融资情况等方面的效果，同时还应该看到存在的不足之处。前文中的某品牌促销活动评估报告中的活动执行效果评估内容如下：

活动取得的成绩包括四个方面：一是影响人数。此次活动参与兑换的消费者为381名，合计兑换52克香瓜子1524袋。其中男性145人，占38%；女性236人，占62%。以参与的一个消费者影响3个家人来计算，活动直接影响人数为1143人；报纸的发行量为6万份及现场影响人数约2000人，一个直接参与的家庭可至少影响1个家庭，合计活动长期间接影响人数为10万人。二是影响面。此次活动的媒体选择为《苍梧晚报》，该晚报的发行可覆盖整个连云港地区。同时4个兑换点的选择覆盖了连云港的新浦区、连云区、海州区。整个活动的影响范围较大，达到了活动的要求范围。三是品牌提升。通过此次活动的开展，对于市场基础一直就较好的连云港来说，无论是对该品牌在当地的提升还是对该品牌的维护，都达到了很好的效果。四是促进销售。活动的开展，扩大了影响面，提高了知名度，这些无疑对销售都起到了很好的促进作用，同时也增强了客户的信心。

活动不足包括三个方面：一是来自江苏分公司的活动方案欠完善，包括活动的前期宣传欠缺，费用预算不合理，人员配给不合理等，这些无疑都影响了活动开展的效果。如没有安排展台，导致只能用瓜子箱堆成台子，严重损害了品牌形象。二是宣传不足。对于活动的信息传达仅在报纸上刊登了一期活动广告，而且版面很小，选择的是价格最便宜的版位。从传播原理的角度上说，这无法给受众留下强烈的印象，同时参与卖场没有活动的宣传海报。因此在活动的当天很多消费者说他们不知道有这样的活动。三是执行力不强。整个活动的执行过程中出现了很多偏差，包括配送延误，兑换点的安排没有做到定点、明确。人员的聘用素质参差不齐、执行的效率低、客户不配合等，使活动的效果大打折扣。

从该品牌促销活动评估报告的活动执行效果评估内容来看，这次路演在影响人数、影响面、品牌提升、促进销售等方面都取得了积极效果，不足之处在于活动方案欠完善、宣传不足、执行力不强。其实一场路演下来，会从结果中发现很多问题，这也给我们如何做路演提供了借鉴。如果路演活动执行不力，不仅劳民伤财，融不到资，也容易变成噱头，成为人们饭后茶余的笑柄。

反思问题原因，提出改进建议

路演活动效果评估的目的不仅是让我们欣赏成绩，看到问题，更应该抓住存在的问题进行反思，不断拿出改进的方法，以完善下一次路演。该品牌促销活动评估报告中问题的原因及改进建议的内容如下：

问题所在：一是执行人员缺乏类似活动的开展经验，导致很多细节没有考虑到；二是经销商配合度不够，导致活动开展的效率低下，很多事情就是由于经销商这个环节而影响整个活动的顺利开展；三是执行人力不足，整个活动的执行江苏分公司只安排销售主任一人，导致很多事情不能得到及时处理。

改进建议：一是活动的方案必须要求周全、详尽。建议必须在活动正式开展前半个月完成方案草件，以便于领导有充足的时间调整修改。同时完善活动的物资，如统一展台、帷幔、服装等。二是类似活动要做到宣传充分。建议依据需要加大广告的版面，选择较好的版位。由于彩版的价格和套红的价格相差不是很大，建议以后活动广告采用彩版。三是加强执行力。为了使活动能够达到很好的执行效果，建议在以后的活动方案中引进奖惩制度。对于执行较好的给予奖励，反之给予一定的处罚。

路演应该是一个与我们长久伴随的活动，评估路演结果之后，能够反思问题原因，提出改进建议，对路演水平的逐步提升是有重要作用的；推而广之，这种反思与改进对我们的人生也不无重要意义。

参考文献

［1］付守永. 路演大师［M］. 企业管理出版社，2016.

［2］卡迈恩·加洛. 乔布斯的魔力演讲［M］. 徐臻真译. 中信出版社，2010.

［3］王风范. 微演说·让每句话直指人心［M］. 人民邮电出版社，2015.

［4］阎敏. 投资银行学（第三版）［M］. 科学出版社，2017.

［5］马强. 路演兵法——资本时代企业家的必修法门［M］. 企业管理出版社，2015.

［6］［美］贝格尔. 像设计师一样思考［M］. 李馨译. 中信出版社，2011.

后 记

　　大众创业时代，路演是每个创业者必备的技能，路演发生在创业者的每一天。无论你是在创业比赛上向众多投资人展示你的创业项目，还是过年回家时向亲戚朋友解释你所做的工作，这都是一种路演，都在考验你路演的能力。现实中路演活动常常会伴随着质疑声、阻挠声，但我们必须坚持，必须努力。对此，你应该坚定信心。电影《当幸福来敲门》中有一句台词——"不要让别人告诉你，你不能做什么。只要有梦想，就要去追求。那些做不到的人总要告诉你，你也不行。想要什么就得去努力、去追求"。为了展示你的创意，为了项目推广、企业发展及创造辉煌的人生，路演之路应该无限延续下去！

　　想要取得路演战役的最后胜利，每个创业者都要保持良好的体力及精力，腾出充分且连续的时间，认真谈，快速谈，把投资当成一项重要工作去全力以赴。以下有三条建议：一是路演的前、中、后期所有阶段里磐石无转移的基本原则，必须被严格遵守，坚决执行；二是团队在融资过程中不能掉链子，核心成员稳定；三是业务在融资过程中不能掉链子，做到数据稳定。

　　最后要送上的一句话：若你坚信你是金子，请你继续坚持下去；不要畏难、不要畏错，只有在试错中前行，不断改进，金子才会越磨越亮。